中央高校基本科...
Fundamental Researc...

U0600539

基于随机规划模型的
国际资产战略配置研究

Research on the International Asset Strategic
Allocation via Stochastic Programming Model

尹力博　　著

经济科学出版社
Economic Science Press

图书在版编目（CIP）数据

基于随机规划模型的国际资产战略配置研究/尹力博著.
—北京：经济科学出版社，2016.12
ISBN 978 - 7 - 5141 - 7699 - 5

Ⅰ.①基…　Ⅱ.①尹…　Ⅲ.①国际资本 - 资产管理
Ⅳ.①F831.5

中国版本图书馆 CIP 数据核字（2016）第 324650 号

责任编辑：王　娟　张立莉
责任校对：王苗苗
责任印制：邱　天

基于随机规划模型的国际资产战略配置研究

尹力博　著

经济科学出版社出版、发行　新华书店经销
社址：北京市海淀区阜成路甲 28 号　邮编：100142
总编部电话：010 - 88191217　发行部电话：010 - 88191522
网址：www. esp. com. cn
电子邮件：esp@ esp. com. cn
天猫网店：经济科学出版社旗舰店
网址：http：// jjkxcbs. tmall. com
北京季蜂印刷有限公司印装
710 × 1000　16 开　9 印张　200000 字
2017 年 3 月第 1 版　2017 年 3 月第 1 次印刷
ISBN 978 - 7 - 5141 - 7699 - 5　定价：48.00 元

前　言

中国国际资产配置的外汇资本来自于国际收支的盈余，其中中央银行掌控的巨额国家外汇储备等值于发行到货币市场的外汇占款，更是央行代表国家承担的巨额负债。负债经营的主权财富基金和其他代表国民利益的长期机构投资者在运作国际资产配置时承担着国家使命。因此，国际资产配置所追求的不是短期的利益，而是国家的长期战略目标。其战略重心在于产业升级和国际竞争力的提升，在于国家经济安全的长期保障。在这一背景下，本书对于国家外汇储备的运用和国际资产配置增加了战略性要求，将原有的国际资产配置三原则扩展为四原则：战略性、安全性、流动性和收益性，并将战略性置于首位。

本书深入解读了国际资产配置的战略性目标：传统国际金融资产的长期稳定收益。为此，本书重点地阐述和论证了国际资产战略配置的指导思想和运作策略，提出了基于多阶段随机规划的国际资产动态配置的解决方案。为实现国家外汇储备和主权财富基金的保值增值，在战略性、安全性、流动性和收益性的运作原则下，本书建立了国债类和权益类国际资产配置的多阶段随机规划模型，提出了动态调整策略；配合指数期权的运作，实现了市场风险对冲；配合外汇衍生产品的使用，实现了汇率风险对冲；通过对期权组合施行全部希腊字母控制实现套保组合的综合风险管理；实证结果表明，该模型导出的动态配置策略可以在有效控制风险的条件下，获得长期稳定收益。

本书的创新性贡献在于：建立了标的金融资产和衍生产品混合配置的多阶段随机规划模型，实现了传统金融资产的动态积极调整策略，同时形成了包含整体风险控制和后验优化风险再调整的衍生产品组合风险综合管理机制，达成风险和收益的有效匹配。

关于国际资产战略配置的研究仅仅是开始，在经济不确定性的刻画、动态调整的时机选择、衍生产品综合风险控制和商品期货配置策略等方面需要更深入的研究，而伴随中国经济增长模式转型和人民币国际化的历史进程，我们也将面临新的挑战。

目　　录

第1章　绪论 ……………………………………………………… 1

1.1　研究背景和意义　………………………………………… 1

1.2　研究目标、研究内容与创新点　……………………………… 4

第2章　国际资产配置研究综述 ………………………………… 6

2.1　国际资产多元化投资策略的研究动态　………………… 6

2.1.1　主权财富基金 …………………………………… 6

2.1.2　外汇储备 ………………………………………… 11

2.2　金融资产的动态配置与战略配置 ……………………… 16

2.2.1　相关基本概念 …………………………………… 17

2.2.2　新古典组合投资理论的发展脉络 ……………… 17

2.2.3　动态资产配置 …………………………………… 19

2.2.4　战略资产配置 …………………………………… 20

2.3　金融资产动态配置的随机规划模型 …………………… 24

2.3.1　随机规划模型介绍 ……………………………… 24

2.3.2　金融问题的随机规划模型 ……………………… 25

2.3.3　随机规划在金融资产配置中的应用 …………… 27

2.4　小结：学术问题的提出 ………………………………… 31

第3章　金融类资产长期投资动态配置策略 ………………… 32

3.1　模型框架 ………………………………………………… 32

3.1.1　基本分析思路 …………………………………… 32

3.1.2　构成特点及相关假设 …………………………… 33

3.1.3　目标函数选择 …………………………………… 34

3.1.4　约束条件设定 …………………………………… 35

3.1.5 离散情景树——不确定性的反映 ······ 35

3.2 权益类资产长期投资动态配置策略 ······ 37
   3.2.1 模型框架 ······ 37
   3.2.2 实证研究 ······ 41

3.3 主权债券长期投资动态配置策略 ······ 47
   3.3.1 问题提出 ······ 47
   3.3.2 模型框架 ······ 49
   3.3.3 利率风险情景树的生成 ······ 54
   3.3.4 策略应用 ······ 59

3.4 本章小结 ······ 66

第4章 金融类资产长期投资风险管理策略 ······ 67

4.1 国际投资汇率风险的综合套保策略研究 ······ 67
   4.1.1 问题提出 ······ 67
   4.1.2 数据描述和研究方法 ······ 70
   4.1.3 仿真检验结果和分析 ······ 74

4.2 汇率风险管理：外汇期权套保价值与策略 ······ 85
   4.2.1 文献回顾 ······ 86
   4.2.2 模型框架 ······ 88
   4.2.3 实证研究 ······ 94

4.3 市场风险管理：股指期权套保价值与策略 ······ 100
   4.3.1 模型框架 ······ 101
   4.3.2 实证研究 ······ 104

4.4 期权组合风险综合管理机制 ······ 107
   4.4.1 风险管理体系的构建 ······ 107
   4.4.2 整体风险控制 ······ 108
   4.4.3 后验优化风险再调整 ······ 110
   4.4.4 考虑后验优化风险再调整的外汇期权套保效果 ······ 113

4.5 本章小结 ······ 115

第5章 结论与展望 ······ 117

参考文献 ······ 119
后记 ······ 136

第 1 章

绪　　论

1.1　研究背景和意义

中国的海外投资几乎是伴随着外汇储备的快速增加而发展起来的，其支撑背景就是中国的制造业能力迅速成长而发展成为世界工厂，进而积累起巨额外汇储备。这个历史过程竟然是 15 年酝酿、15 年发力。因此，有理由相信中国海外投资的发展也将是迅速展开而史无前例的。

关于资本输出或者国际投资的研究由来已久，除了马克思资本论的经典阐述之外，现代理论主要包括垄断优势理论（Hymer，1960）、产品周期理论（Vernon，1966）、内部化理论（Buckley，1976）、国际生产折衷论（Dunning，1977）等。相关讨论主要集中在国际投资的市场条件、演化进程、主要模式和影响因素等方面。根据邓宁（Dunning：1980～1988）在 20 世纪 80 年代综合发展的投资周期理论，当一国的经济发展水平（以人均 GDP 表示）达到一定高度时，对外投资就会形成规模。国际投资是市场边境的扩大，在一个更大的市场范围内，人们将依从追逐利润的基本原理重新配置资本，这就是国际投资。在 20 世纪 60 年代前国际金融市场尚不发达的时期，对外投资以直接投资为主，表现为工商企业和商业银行的跨国发展。而 1973 年之后，石油危机引发的欧美传统产业的持续对外转移和国际金融市场的形成引发了国际间接投资的发展。证券市场、外汇市场、金融衍生产品市场和商品期货市场快速发展，共同基金、产业基金、私募股权基金和对冲基金成为主流模式。直接投资与间接投资组合交叉融合在一起。

应当看到中国海外投资的发展历程是神奇的。改革开放初期的 80 年代，以侨资和港资为先锋的对华直接投资渐成潮流，对于资本与技术均匮乏的中国来讲，引进外资而实行出口加工为导向的经济发展是一个自然选择。不过10年时间，世界500强已经云集中国，中国劳动力的能量迅速释放，技术的跟随效应发挥到极致。进入21世纪，几乎在制造业的各个门类，中国的产能均位居世界第一，多数占比超过50%。实际上，从1994年中国工业品市场第一次呈现供给大于需求的局面开始，中国市场的资本效能就进入了快速上升通道，走向国际市场就是一个必然的趋势。2001年之后，作为出口能力信号的外汇储备刚刚进入稳定增长期，人民币被低估的声音就在国际经济界渐起，而且声音越来越大。作为开拓型商业文化代表的浙江民营企业家率先将经营重点放在先进设备与大宗商品的进口上，并且走出国门，开展国际投资。与此同时，刚刚完成商业化改造的中国大型商业银行，纷纷开展海外并购。这就是中国企业海外投资的前奏曲。而2005年7月21日的人民币汇率形成机制的改革则是中国企业海外投资的号角。目前海外直接投资的主力仍是大中型国企和大型民企，而间接投资的主力是主权财富基金和大中型商业银行的合格境外机构投资者（QDII）。

从流程上看，中国的国际投资分为外汇储备形成前后两个阶段。外贸的顺差首先由市场主体用于境外直接投资和境外金融投资，结余外汇通过商业银行出售给中央银行，形成外汇储备。外汇储备则以商业银行存款和外国政府国债为主要投资形式。在外汇储备充足额度以上的部分以特别国债购买的形式注入主权财富基金——中国投资有限责任公司，再进行海外投资。因此海外投资活动主要是形成外汇储备之前的非政府投资和形成外汇储备之后的主权财富基金投资。

对于一个新兴经济体，在其快速发展的进程中，一定伴随着融入国际经济社会的过程，高额外汇储备就是一个主要特征。但是传统的关于外汇储备功能的观点仍然局限于金融经济内部。外汇储备主要来自于净出口所形成的国民财富积累，其应该使用在战略方向上。而随着国家工业化和城镇化的持续推进，化石资源的外部依赖程度越来越高，输入性通胀成为长期威胁。与此同时，后危机时代的全球经济失衡还将长期存在，世界经济的不确定性更加复杂化。

因此，我们需要一个全新思维，调整国际资产配置的指导思想。基于此，我们应当从国际资产配置的指导思想上扩展原有的投资原则，增加"战略性"，进而形成国际资产配置的"新四项原则"：战略性、安全性、流动性、收益性。从战略的高度提出旨在服务于国家长期战略发展目标的国际资产战略配置的理念和思路，形成自顶向下的国际资产配置框架。

迄今为止的国际资产的战略配置及其策略实施更多带有经验色彩，缺乏有力的理论与经验支持。但是，在近 10 年的投资实践中，工商企业、商业银行、合格境外机构投资者、长期投资机构和主权财富基金从自身优势出发创造了新鲜、活泼、富有启发性的投资理念和实施方法，获得了丰富的经验。这是我们宝贵的研究资源，是理论探索的出发点。以中投公司为代表，自 2007 年以来的 10 年间，投资理念与策略已经发生了显著变化，海外战略资产配置已经成为中国海外投资的新模式。自 2007 年 9 月成立以来，中投公司在探索中完善公司战略和治理结构，以其全资子公司"中投国际"作为海外投资的专业机构展开全方位投资，形成了兼顾直接投资和金融投资的偏重长期投资的投资风格与实施策略。截至 2012 年底，中投公司境外投资业务主要包括金融产品组合投资和直接投资两大类，在公开市场股票和债券等传统金融资产和对冲基金、大宗商品、私募股权基金、房地产、基础设施等非传统金融资产之间进行平衡投资。作为长期机构投资者，中投公司注重发挥长期投资的优势，按照资产配置方案逐渐增加对泛行业直投、泛行业私募股权、资源能源、房地产和基础设施等长期资产投资。其直接投资涉及广泛，包括油砂、石油、天然气、电力、收费公路、黄金、水务、航运、矿业、金融服务等领域。中投公司的投资活动出自商业目的，投资目标是为股东在可接受的风险范围内获取长期、可持续的良好回报。2011 年初，中投公司董事会决定将投资周期延长至 10 年，把滚动年化回报作为评估投资绩效的主要指标，并对战略资产配置、战术资产配置和风险管理程序作了相应调整。截至 2011 年底，境外投资组合的资产配置情况和行业分布如表 1 - 1 和表 1 - 2 所示。

表 1 - 1　　　　　中国投资有限责任公司境外投资组合配置比例

现金类资产	固定收益资产	公开市场股票	绝对收益资产（对冲基金等）	长期资产（直接投资、能源资源、房地产和基础设施等）
11%	21%	25%	12%	31%

注：统计日为 2011 年 12 月 31 日。

资料来源：中投公司 2011 年年报。

表1-2　　　　　中国投资有限责任公司境外投资组合行业分布

金融	能源	资讯科技	非必需消费品	必需消费品	工业	材料
19%	14%	10%	10%	10%	9%	9%

注：统计日为 2011 年 12 月 31 日。
资料来源：中投公司 2011 年年报。

当然，对风险资产的投资必然承担一定的风险。特别是紧随美国次贷危机引发的国际金融危机其后的欧债危机延长了世界范围经济复苏的进程，复杂性与不确定性加深了国际投资的系统性风险。因此，在考虑服务国家长期发展目标的同时，如何对所面临的主要风险实现有效对冲就成为当前亟待解决的一个课题。因此，我们也需要通过深入而规范的学术研究，探讨所涉及的主要市场风险和汇率风险的对冲原则与策略，为国际投资实践提供行动指南。

1.2　研究目标、研究内容与创新点

本书旨在从战略的高度提出国际资产战略配置的理念与思路，形成自顶向下的国际资产配置框架；建立包含股票指数、主权债券、指数期权和外汇期权在内的金融类资产动态配置和风险对冲模型。具体研究内容包括：

第一，提出国际资产战略配置的多阶段随机规划模型。在情景树分析的基础上，形成不依赖状态分布的未来不确定性刻画，进而构建两类国际资产配置的多阶段随机规划模型，权益类资产动态配置模型和主权债券类资产动态配置模型，形成多币种资产的战略配置与动态调整。

第二，针对 2008 年金融危机后，市场波动性加剧，提出衍生产品配合传统金融资产的动态配置思路，以更有效地控制投资风险。分别形成股票指数期权与股票指数混合配置的多阶段随机规划模型、外汇期权与股票指数混合的多阶段随机规划模型。

第三，深入考察风险对冲效率，特别评价市场极端情形出现时的风险控制效果。套保工具涉及用于规避汇率风险的外汇远期和外汇期权、用于规避市场风险的股指期权。

第四，针对期权类衍生产品，研究包含整体风险控制和后验优化风险

再调整的期权组合风险综合管理机制，由此实现盈利能力和风险控制的有效匹配。

第五，结合中国现阶段国际贸易新动向和人民币国际化新趋势，本书还研究了人民币指数衍生产品的系列化，从期货、期权和期货期权等方面对于其综合套保效率和成本进行仿真检验。

本书的主要创新点在于：提出标的金融资产和衍生产品混合配置的多阶段随机规划模型，实现传统金融资产的动态积极调整策略，同时形成包含整体风险控制和后验优化风险再调整的衍生产品组合风险综合管理机制。

第 2 章

国际资产配置研究综述

随着跨国贸易和投资的发展、全球金融市场一体化以及信息技术的普及，国际资本的流动已成为世界经济一体化进程中的风景线。与之相关的国际资本流动理论与国际直接投资理论得到了蓬勃发展，同时也促进了国际证券投资和金融资产国际化配置的研究。事实上，对国际资产配置的研究并没有形成一个所谓的国际资产配置理论，无论是从古典角度还是现代角度，都没有被归集为一个明确的理论分支。古典研究只是基于一般的证券投资理论的延伸，着重说明国际证券投资的风险性质和流动规律；而现代研究则主要是分析金融资产在市场分割条件下的国际化配置问题，即国际证券投资组合的选择和优化问题。

从本书的主题出发，将研究所涉及的相关文献分为三个方面：首先是国际资产（主要指外汇储备和主权财富基金）多元化投资策略的研究动态；其次是涵盖动态配置与战略配置的资产配置模型方法；其三是本书将使用的重点模型——随机规划方法。在本章中，笔者将对上述三个方面的文献进行详细梳理，而关于各章研究背景和技术细节的文献，则放在各章关于建模依据的论述中。

2.1 国际资产多元化投资策略的研究动态

2.1.1 主权财富基金

近几年来，主权财富基金发展势头愈发强劲，自 2007 年次贷危机以来，主权财富基金已成为能够拯救发达国家金融巨头的"救火队"，在国际金融市场上扮演着愈来愈重要的角色。主权财富基金也自然成了当前世界政治经济的热门话题。

目前关于主权财富基金的研究包括：主权财富基金的定义及特征、主权财富基金的兴起与发展状态、主权财富基金的资金来源与分类、主权财富基金的规模与结构、主权财富基金的透明度与监管、主权财富基金投资对资本市场及目标公司所带来的影响，以及主权财富基金的风险管理等。这里我们仅关注主权财富基金的投资目的、投资偏好、投资领域和投资策略。

2.1.1.1　主权财富基金国际投资目标、偏好、领域与策略

关于主权财富基金的投资目标，国际上主要流行两类观点。一是将主权财富基金等同于普通投资基金，单纯追求风险收益最大化，主要文献有鲍尔丁（Balding，2008）、达斯（Das，2009）、谢平和陈超（2009）等。二是将主权财富基金看作带有战略安排和政治考量的投资者，即由政府控制并直接或间接进行管理的、以实现国家安全和政治意图为目标的投资机构，代表性文献如经济合作与发展组织年度报告（OECD，2008）、金米特（Kimmitt，2008）和加藤（Garten，2007）等。国际货币基金组织（IMF）融合了上述两种观点，认为主权财富基金是具有特定目的的政府投资工具，根本上是为了国家的宏观经济目的，其投资目的具有两重性：一是商业回报目的；另一是国家战略目的。

主权财富基金组建的目标决定了其投资偏好和主要投资领域。一部分学者认为主权财富基金应倾向于多元化投资，进而实现其国家财富的多样化，减少对美国国债的过度依赖。汉弗珀杰（Humpage，2007）认为，主权财富基金的投资方向是全球性多元化资产组合，包括股票和其他风险性资产，甚至扩展到了外国房地产、商品期货、私人股权投资、对冲基金等一些非传统类投资类别，以实现其国家财富的多样化，改变过度依赖美国国债的局面，进而实现国家财富的增值保值。科恩（Kern，2007）认为主权财富基金是国家持有并管理的金融工具，资金来源于公共部门多余的流动性，即政府财政盈余和中央银行官方储备，应具有投资多元化的特点。达斯（2009）认为主权财富基金可以增强国际资本市场的流动性，同时将有利于全球金融资产配置。

还有部分学者认为主权财富基金对投资领域具有明显的偏好，如股票及战略性资产。詹（Jen，2007）认为主权财富基金多元化的投资更倾向

于战略领域，如倾向于投资高科技公司、金融机构以及资源丰富国家的资源类公司等战略性部门。金茨希尔和谢勒（Gintschel and Scherer，2008）具体研究了石油型主权财富基金的投资组合配置，在传统的投资组合理论基础上，特别考虑了对冲石油价格变化的投资需求。结果表明，对石油价格敏感度低的资产可以作为保值工具进行投资。

谢平和陈超（2009）指出主权财富基金是国际金融市场一类崭新的、有影响力的机构投资者。其主要目标有五方面：（1）跨期平滑国家收入；（2）协助中央银行分流外汇储备；（3）跨代平滑国家财富；（4）预防国家社会经济危机；（5）支持国家发展战略。他们又探讨了主权财富基金与宏观经济的协调，提出主权财富基金可成为财政政策一个行之有效的政策工具；而且主权财富基金的投资应与货币当局进行充分的协调，其投资对稳定汇率有一定作用；主权财富基金还应有利于提高国家资产负债的稳定性。

弗莱弗霍尔姆（Flyvholm，2007）进一步针对不同国家的特点提出如下投资思路：（1）对于石油输出国，由于易受全球经济增长放缓或衰退影响，因此资产配置中长期债券应占突出地位；（2）对于石油和初级商品净进口国，可选择持有与石油和初级商品价格上涨联动的战略性资产（包括相关行业的股票和追踪基金），实现对未来价格风险的自然对冲；（3）进行长期投资的国家，例如，挪威和新加坡可购买股票和其他长期性资产，在固定收益资产组合中承担更多的信用风险、收益率曲线风险和流动性风险；（4）追求长期真实回报的国家，应通过更多地购买通胀指数化证券对冲通货膨胀风险。

福塔克、博尔托洛蒂和麦金森（Fotak，Bortolotti and Megginson，2008）对35家主权财富基金的投资分析表明：从地域分布上，主权财富基金在美国的投资占总投资的22.2%、英国占13.4%、中国占8.7%、瑞士占8.6%。他们还发现全球主权基金对于金融行业的投资比例最大，占总投资的30.9%。这意味着，未来各国主权财富基金的战略资产配置仍有很大的调整空间，将加大对新兴市场股市和债市的投资力度，会将更多资金投入到高风险领域中（如对冲基金和私募股权等）；也会将其币种组合的选择范围从美、欧货币扩展为美、日、欧货币和主要新兴市场的国家货币。

洛厄里（Lowery，2007）认为，各国官方外汇储备与主权财富基金增长的速度很快，超过了传统储备资产（美国国债、美国州政府债券、欧元区政府债券、英国国债）的供给。这部分资本的溢出显然大部分将转向高收益资产，寻求收益曲线的较高风险容忍度。由此可以认为，主权财富基金采取更为激进的投资策略是必然趋势。余等（Yu et al.，2010）利用CRRA 效用函数和 VAR 模型建立了主权财富基金的战略投资配置优化模型，给出了主权财富基金在高风险资产、中度风险资产、低度风险资产和无风险资产上的配比。克拉克和芒克（Clark and Monk，2009）对 146 名全球主权财富基金管理机构或个人的专家观点调查表明，主权财富基金的资产配置战略长期化、资产品种多元化、投资地域分散化的趋势明显。同时，未来 5 年，主权财富基金将倾向于增加股权、房地产、私募基金的资产配置，而减少对固定收益产品与对冲基金的投资。

巴博瑞和博托洛蒂（Barbary and Bortolotti，2011）论述了主权财富基金的不同战略目的对其全球资产配置策略的影响。总体来看，代际储蓄型基金和国家储备分散化型基金的资产配置策略相对保守，以低风险分散化组合为主。而 2000 年之后成立的基金大多是经济发展型基金，采取积极投资策略，关注股权等长期化资产配置，而并不注重流动性投资，具备更广泛的金融产品投资谱系和更深远的全球视野。但是由于 2007 年次贷危机的影响，许多主权财富基金在 2008 年之后的资产配置中降低了资本市场股权投资，增加了固定收益品种，并引入风险对冲投资机制；在资产配置地域分布上，减少了对部分新兴市场的投资，增加了对中国与经济合作与发展组织成员国的资产配置。

2.1.1.2　中国主权财富基金的运作模式和投资策略

目前国内关于主权财富基金管理的研究主要包括三个方面：一是定性研究主权财富基金的作用；二是提出主权财富基金的发展战略；三是提出主权财富基金的管理策略，如风险控制策略、投资策略等。这里我们只关注涉及中国主权财富基金的运作模式和投资策略的文献。

我国在 2006 年首次成为全球外汇储备最多的国家。为提高外汇储备管理收益，2007 年 9 月国家专门成立了中国投资有限责任公司（China Investment Company，CIC），对外汇储备进行积极管理。尽管 CIC 自成立以来在外汇储备投资方面做出了很多积极尝试，但是面对日益复杂的国际金融环境，其全球投资面临巨大挑战。为了提高投资效率，2011 年 9 月，经国务院批准，CIC 成立了中投国际有限责任公司，专门从事境外投资和管理业务。时任中国国务院总理温家宝曾经在中投公司成立之初公开提出过三条要求：第一，公司以商业目的设立，追求风险调整后的长期收益；第二，公司以商业模式运作，自主决策，政府不加干预，同时要不断完善公司治理结构；第三，公司在不损害商业利益的前提下，逐步提高透明度。温总理这三条要求可以说是对中投公司运作模式和投资策略的最好诠释。

张世贤和徐雪（2009）指出，在中国主权财富基金可能的众多投资方向中，只有参与对外直接投资才能够从最大范围上涵盖和实现中国现阶段的核心利益，因此对外直接投资是中国主权财富基金投资的战略重点。通过对外直接投资为我国工业化发展提供稳定的基础资源（特别是能源）和技术供应，为国内企业走出去提供资金支持，从而实现国内产业升级和结构优化，实现国民经济的可持续发展和福利最大化。

朱孟楠、陈晞和王雯（2009）通过分析金融危机下主权财富基金投资的新动向，提出中国主权财富基金的投资战略应当倾斜于新兴市场国家股指基金、固定收益证券以及石油等战略资产领域。

高洁（2010）介绍了挪威主权财富基金（政府全球养老基金）在投资中侧重的几个风险控制技术要点，提出中投公司应在投资策略中考虑资产组合长期再平衡策略；并且中投公司应强调自身的财务投资者身份，而不是战略投资者，并在实践中参考挪威财政部对政府全球养老基金跟踪误差的策略，从而控制市场风险。

张明（2010）回顾了金融危机的爆发与扩展给中国主权财富基金管理带来的转变。作者认为，中投公司在投资行业、地域分布和投资方式上的多元化显著增强，且与外管局和社保基金之间形成了良性互动的竞争格局。这些主权财富基金投资机构将在资产规模、投资收益率和公司治理等层面上展开长期重复博弈，这种竞争性格局的奠定与强化将有助于中国国民财富的最大化。

韩立岩和尤苗（2012）基于实现国民效用最大化目标的两基金分离模型发现，我国主权财富基金的最优投资模式是将其分离成组合收益型和战略型两大类基金。其中，是否设立我国战略型主权财富基金取决于其通过对冲国内经济发展风险所增加的国民效用水平，而不是收益率的大小；战略型基金的最优规模与国内经济规模、国内经济总风险以及管理当局的风险厌恶水平成正比。针对石油、钢铁和有色金属行业的模拟结果论证了战略型基金对于对冲国内风险和提升国民福利水平具有显著作用。

2.1.2　外汇储备

目前国内外关于外汇储备管理的研究主要集中在规模和结构的讨论，且理论和方法也较为完善。外汇储备的规模管理主要就是外汇储备的适度规模的确定问题，此不赘述。外汇储备结构管理分为币种结构管理和资产结构管理两个方面。

外汇储备币种结构管理要求货币管理部门一方面要努力保持货币储备的多元化，以降低汇率波动风险；另一方面要根据商品进口、劳务或其他支付的需要，确定储备货币的币种种类、期限结构及各种货币在储备中的比例。外汇储备的资产结构管理是通过货币资产、证券资产、金融衍生品资产、实物资产的优化配置，实现外汇储备的系统优化，保持流动性、安全性和收益性的动态有效平衡。

2.1.2.1　外汇储备国际管理策略

（1）外汇储备的管理类型。按照外汇储备在不同时期的职能及管理目标，可将外汇储备的管理类型划分为三类：

Ⅰ. 消极型外汇储备管理。该体制主要盛行于 20 世纪 70 年代布雷顿森林体系瓦解之前。在布雷顿森林体系下，各会员国实行固定汇率制，外汇管制比较普遍，外汇储备主要用于应急和保证最后支付。在储备管理方面，安全性第一，流动性第二，且几乎没有以盈利为目的的交易。

Ⅱ. 谨慎型外汇储备管理。在布雷顿森林体系瓦解之后，西方国家开始实行浮动汇率制度，各主要国家货币汇率经常出现大幅度波动，外汇风险加大。各国中央银行开始实行谨慎管理体制，货币品种单一的结构得以改变，储备货币趋于多元化。此时美元比重有所下降，但仍处于多元化储备体系的中心，其他货币如欧元、日元等货币的地位则相应有所上升。外汇储备的货币结构主要与贸易流动相联系，投资领域逐渐扩大，但没有根本性改变，仍保持高度流动性。

Ⅲ. 积极型外汇储备管理。进入 21 世纪，亚洲许多国家及石油输出国的外汇储备规模增长迅猛，这些经济主体对外汇储备的管理目标不再单纯追求安全性和流动性，而是侧重于收益性。各国开始积极探索、扩大外汇储备的投资领域，在满足储备资产必要流动性和安全性的前提下，以多余储备单独成立专门的投资机构，拓展储备投资渠道，尤其是对实体经济的投资，同时采取更加积极的投资策略，加大延长储备资产投资期限，以提高外汇储备投资收益水平。

福特和黄（Ford and Huang，1994）曾将外汇储备管理目标概括为：一是能保持充足外汇储备，以能够满足一系列指定用途，并可及时快速获取储备；二是流动性、市场风险和信用风险得到谨慎控制；三是在保障安全和流动性的前提下，从中长期投资中获取合理收益。这对各历史阶段外汇储备的目标作了一个很好的回顾与总结。

（2）理论模型。围绕这一管理目标，及外汇储备结构管理的理论基础——安全性、流动性和盈利性三性原则，相关理论模型如下：

Ⅰ. 资产组合理论。外汇储备的多元化投资组合问题，实际上是最优资产选择问题，因此，资产选择理论的方法，可以运用于外汇储备的结构管理上。在这一分析框架内，外汇储备被视为财富存量。中央银行被视为在给定风险水平下追求收益最大化的投资者，中央银行的核心任务是根据不同资产的收益水平和风险情况，在风险相等的条件下追求收益最高的资产组合，并在其中根据自己的风险收益偏好予以选择。

利用资产选择理论决定储备最佳币种分配的方法，从收益与风险的角度给出了外汇储备结构配置策略。但根据目前各国中央银行持有的储备资产币种分配的资料显示，几乎没有一个国家的中央银行完全按照资产选择理论的要求分配其外币币种份额。在实践中面临的三个技术性难题有可能对该现象提供解释。这些难题涉及有效资产组合边界的识别和有效资产组合的选择：一是如何选择合适的参考篮子以衡量外汇储备价值；二是如何处理风险收益关系的不稳定性；三是有效资产组合选择中的主观性。此外，这一现象也说明了在决定外汇储备的币种结构时，不能忽略外汇储备的特殊性。收益与风险仅仅是决定外汇储备结构的因素之一，但不是唯一因素。

Ⅱ. 海勒——奈特模型。这一模型是出于海勒和奈特（Heller and Knight，1978）在对资产组合理论应用于储备币种分配的研究时产生的质疑，参见他们合著的文章《中央银行的储备货币偏好》。他们认为在使用外汇储备时，不但面临着汇率波动的风险，而且还存在交易成本问题。因此，他们提出，决定储备币种结构问题的关键因素是一国的汇率安排和贸易与收支结构。

汇率安排方面。中央银行外汇储备管理的首要原则是安全性，因此在决定储备货币分配时，主要考虑如何使汇率风险最小。海勒和奈特分别从钉住单一货币的汇率安排、钉住一篮子货币的汇率安排以及实行浮动汇率制等方面来考虑外汇储备资产的结构，结果肯定了中央银行的"汇率干预动机"在决定币种选择时的重要影响。在目前的浮动汇率制度下，没有一种外汇储备资产能保证本金的安全性，尤其是在储备货币国都遵行管理浮动汇率制度的情况下，这使得以任何一种外币储备的资产都面临汇率波动的风险。因此在目前的国际实践中，没有一个国家仅仅持有其钉住国家的货币，只是加大该种货币的比重而已。

除了汇率安排以外，贸易收支结构是影响币种分配的更为重要的因素。海勒和奈特认为由于外汇储备的一个重要职能是平衡国际收支，因此外汇储备的币种构成必须考虑和能够反映国际收支的结构状况，一国持有的储备货币应与该国与储备货币国的贸易量呈正相关。而由于各种储备货币之间存在替代关系，所以一国持有的储备货币又应与该国同其他储备货币国的贸易量呈反相关。

海勒——奈特模型的优点在于其开始从外汇储备的特点和职能出发研究储备货币比重问题。其缺点在于：第一，该模型未考虑到外债因素，然而对广大的发展中国家而言，保证支付外债是储备的重要职能之一；第二，该模型是一种回归模型，不能解决外汇储备各币种和各资产的具体配置比例；第三，该模型完全没有考虑各储备货币的收益和风险，仅仅从中央银行执行储备职能的偏好上进行分析。

Ⅲ. DLM 模型。杜利、利松多和马西森（Dooley, Lizondo and Mathieson, 1989）基于交易的视角，建立了比海勒——奈特模型更为复杂和更具有现实性的模型（简称 DLM）。DLM 模型认为，在决定储备资产币种的分配时，交易成本的影响要远远大于外汇资产风险和收益的考虑。所以同海勒——奈特模型一样，DLM 模型摈弃了均值——方差资产组合理论，而采用回归分析法建立计量模型。结果表明在一国持有的储备中，持有某一种外币资产是汇率制度安排、贸易流的币种结构、外债的币种结构以及金融资产流动等因素共同决定的。

由于模型考虑了发展中国家外债状况，因而该模型比海勒——奈特模型更为完善。在进行回归运算时，DLM 模型根据发展中国家和发达国家的不同特点，分别进行了回归，使模型的应用性大大增强。DLM 模型是目前较为完善的外汇储备币种决定模型。艾肯格林（Eichengreen）和马西森（2000）在对数据进行更新过后对 DLM 模型进行了延伸分析，发现由 DLM 模型证实的几个决定因素在长期保持稳定，他们认为这与国际金融体系渐进式的变化趋势是一致的。

但是，该模型在实践中也存在一系列缺点：其一，如果外币借款决策高度分散，或债务工具比资产工具有相对更长的期限，或外国借款人限制债务的币种种类，则从负债方实施净外汇储备资产币种优化比从资产方实施更为困难，在这一环境中，从资产方实施的净外汇储备资产币种优化成本更低。其二，该模型计算复杂，而且一些解释变量的数据都是近似数据，误差可能极大。

综上，三个理论虽然各有优缺点，但都离不开对安全性、流动性和盈利性的讨论，可见外汇储备的结构管理理论的发展就是围绕安全性、流动性和盈利性展开综合全面的分析和考虑。在确定一国外汇储备结构时，要对各影响外汇储备的因素加以综合考虑，以便能在适合各个国家具体约束的条件下，建立合理的安全性、流动性和盈利性配比。

徐永林和张志超（2010）回顾和评述了关于储备货币构成问题的国际文献及其发展。他们认为这一领域的国际研究，集中于在总量层次上分析全球和国家集团储备币种结构的决定因素与在国别层次上选择最优的储备货币比例问题。证据显示，储备币种结构的演变是缓慢的过程，取决于路径依赖、惯性和各储备货币本身的特性。各国中央银行选择储备币种结构时，一般考虑汇率制度的性质、与储备货币国的贸易和金融联系及两者间的互动关系。国别研究一般基于马克沃茨（Markowitz）的均值—方差模型，在收益和风险权衡的框架内求解一国储备的最优货币构成。研究还介绍了国际金融体系新发展对储备货币结构选择的影响。

2.1.2.2　中国外汇储备的投资策略

我国对外汇储备的多元化策略的研究比较多，研究内容主要围绕于，在提出外汇储备过剩的前提下，把视野转向外汇储备的多元化投资策略，提出将储备分流给主权财富基金、藏汇于民和增持黄金储备的思想等。

何帆和陈平（2006）对新加坡和挪威的外汇储备积极管理经验进行了深入系统的分析，认为在满足储备资产必要流动性和安全性的前提下，以多余储备单独成立专门的投资机构，拓展储备投资渠道，延长储备资产投资期限，可以提高外汇储备投资收益水平和本国储备资产的长期购买力、提升本国的国际竞争力，并消除外汇储备增加对宏观政策自主性的影响。

张燕生，张岸元和姚淑梅（2007）在汇改进程既定、产业结构调整难见成效、双顺差格局短期难以改变的前提下提出了外汇储备问题的研究重点。他们认为一是维护货币政策独立性，解决好外汇占款问题；二是通过规范渠道将部分外汇储备资产从中央银行资产负债项目转化为国家资产负债项目，实现国家外汇资产的多元化；三是将国家外汇资产转化为资本与金融项下的对外投资，通过全球资产组合多样化配置，使得外汇资产在国家长远发展中发挥更积极的作用。

陈雨露和张成思（2008）、余永定（2009）认为在全球新型金融危机背景下，中国外汇储备管理的战略应该向人民币国际化这一方向调整。

孔立平（2010）在全球金融危机背景下，以马克沃茨（Markowitz）资产组合理论为基础，同时结合海勒——奈特模型和杜利模型，对影响储备币种结构的因素进行全面系统的分析。在考虑外汇储备风险和收益的同时，综合考虑我国的贸易结构、外债结构、外商直接投资来源结构和汇率制度对我国外汇储备进行最优币种结构配置，提出了中国当前合理的储备币种权重，并提出从长期看应逐步减持美元、增持欧元、同时积极推进人民币国际化的建议。

李扬、余维彬和曾刚（2007）从经济全球化视角对中国外汇储备管理体制进行了深入系统的研究，认为目前外汇储备的职能已从满足进口支付、偿还债务和干预汇率转变为提供信心并增加国家财富。中国外汇储备管理体制改革的根本任务是建立全球配置资源的战略，促进外汇储备的多渠道使用。

陈小新（2008）对中国投资者的国际化投资进行了较为集中的前沿性研究。结果表明，在投资组合中包含国际资产能够改善资产组合的整体风险收益特征，而随着国际上主要证券市场之间相关性的增加，采用行业分散化原则进行资产配置的效果相对更好；考虑到预测的不确定性、交易成本及无风险资产等因素，采用中国市场指数和全球行业指数是相对较好的组合模式。结果还表明，除了风险厌恶程度非常高的投资者以外，是否对汇率风险进行对冲，对投资组合的绩效并不产生统计上显著的影响。而且，当投资者采用一些相对比较简单的资产分散化策略进行资产配置时，投资组合中的各货币的汇率波动能够在一定程度上互相抵消，从而不产生明显的影响。

张斌、王勋和华秀萍（2010）基于对外汇储备真实有效收益率与以美元计价的外汇储备收益率之间动态差异的研究，认为央行需要调整以美元计价的外汇储备收益率最大化目标，将外汇储备真实财富保值的目标纳入决策之中。

王永中（2011）对我国外汇储备投资组合构成进行测算，发现中国外汇储备投资的收益率低，但资本损失风险较高，因此亟须调整储备资产结构，包括币种多元化、增持权益资产，以及尽快减持美国国债等。

刘澜飚和张靖佳（2012）从中美两国经济的本质性差异出发，通过刻画中国外汇储备对外投资的"循环路径"，构建了包括央行、金融市场和实体经济的斯塔克尔贝里（Stackelberg）模型及库尔诺（Cournot）模型，进而模拟出中国外汇储备对外投资对本国经济的间接贡献、适当的外汇储备投资组合，以及最优外汇储备投资规模。研究结果表明，中国外汇储备投资于美国风险资产的规模将影响外汇储备间接转化为美国对中国 FDI 的比例。同时，中国央行外汇储备规模及投资策略对危机时期的反应不足。改变外汇储备投资收益的主要方法包括降低居民的相对风险规避系数，通过政策引导促进居民消费，以及大力发展中国金融市场，降低对美国金融市场的依赖程度。

从上述分析中可以看出，国内外对外汇储备和主权财富基金资产配置和投资组合的相关研究不多，且主要是对已有的实践操作进行归纳，定性研究为主，定量研究不多，而从全球金融市场角度对一国国际资产配置的定量研究更是缺乏。

2.2　金融资产的动态配置与战略配置

资产定价理论在金融学中处于核心位置。广义的定价理论主要包括两个方面：一是投资者如何配置各种风险资产；二是投资者如何确定资产市场中风险资产的均衡价格。上述两个问题是金融理论研究者和实际工作者关注的焦点，也是金融学在过去、现在和将来都必须回答的最基本的问题。这两个问题的研究对应着资产配置理论和资产定价理论。

从马克沃茨（Markowitz，1952）的均值方差分析开始，到默顿（Merton，1969，1971，1973），再到坎贝尔和万斯勒（Campbell and Viceira，2002）的战略资产配置理论研究的兴起，资产配置理论再次成为激动人心的前沿理论。在大量研究成果的基础上已经俨然分支成了几个不同领域的理论体系。

本节首先回顾马克沃茨（Markowitz）的均值—方差模型，然后按照资产组合选择理论的发展脉络，阐述并分析现代资产组合选择理论的各种主要模型与方法以及它们之间的内在关联，其中对资产组合理论研究的最新进展展开重点评述。

2.2.1　相关基本概念

首先简要介绍资产配置的几个基本概念。

战略资产配置（Strategic Asset Allocation），指长期投资者进行资产配置时的资产种类和权重选择，反映投资者的长期投资目标和政策。其目标主要针对不同的金融市场进行资产配置，如股票市场、债券市场、期货市场、外汇市场等。长期投资的资产组合目的，在于使证券组合的收益波动性风险与投资者的风险厌恶程度相匹配，以控制投资组合的整体风险和建立最佳长期资产组合结构，也称为政策性资产配置（Policy Asset Allocation）。战略性资产配置结构一旦确定，在较长时期内（如一年以上）不再调节各类资产的配置比例，其对投资的最终成败起着决定性的影响（邓燊，2008）。

动态资产配置（Dynamic Asset Allocation），介于战术性资产配置和战略性资产配置之间，指在战略性资产配置的基础上，根据市场变化机械地调整资产组合内各种类别资产的权重。它既不关注短期内市场的动态，也不将资产锁定在某种配置组合中。它针对特定投资者，在特定的投资时点上计算出最优的长期战略性资产配置，然后，随证券市场的变化及投资者风险厌恶程度的变化而作出调整，可以认为动态资产配置是一系列滚动式的战略资产配置。二者不同之处在于，战略性资产配置强调投资年限内平均而言最优的资产组合，而动态资产配置强调的是特定时点最优的资产组合（王平，2008）。

战术资产配置（Tactical Asset Allocation，TAA），根据各类资产短期回报率变化的预测，确认资产类别定价差异，实现从相对高估资产到相对低估资产的再配置。重在强调短期投资，通过降低收益低的资产权重来增加投资组合的短期超额收益，反映了资金管理者的短期投资决策。其目标针对单一市场，如股票投资于不同的板块，债券投资于不同的时期，以及选择具体的某些证券构成投资组合，进行日常操作。

2.2.2　新古典组合投资理论的发展脉络

马克沃茨（Markowitz）在 1952 年发表的"组合证券投资选择（Portfolio Selection)"是现代资产组合理论的开端,首次阐述了确定证券收益和风险的主要原理和方法,并构建了均值—方差分析的基本框架。其基本应用就是分散化投资和组合投资思想,一直到现在该理论仍然是学术界和投资管理实务界一个重要的基石。在马克沃茨(Markowitz)等人的基础上,托宾(Tobin,1958)提出了共同基金定理(Mutual Fund Theorem):投资者根据自身偏好调整无风险资产和风险资产切线资产组合的权重过程中,切线资产组合内部的风险资产相对权重并不改变。希克斯(Hicks,1962)提出的"组合投资的纯理论"指出,在包含现金的资产组合中,组合期望值和标准差之间有线性关系,并且风险资产的比例仍然沿着这条线性的有效边界这部分,这就解释了托宾的分离定理的内容。夏普(Sharpe,1963)提出了"单一指数模型",该模型假定资产收益只与市场总体收益有关,从而大大简化了马克沃茨(Markowitz)理论中所用到的复杂计算。夏普(Sharpe,1964)、林特纳(Lintner,1965)和莫辛(Mossin,1966)应用资产组合理论分别提出了各自的资本资产定价模型。这些模型是在不确定条件下探讨资产定价的理论。直至今日,由均值—方差模型引致的定理仍然是投资者特别是机构投资者所遵循的资产配置决策的基本原理。不仅提供了评价收益—风险相互转换特征的可运作框架,也为投资组合分析、基金绩效评价提供了重要的理论基础,对投资实践具有重要的指导意义。

作为现代投资组合理论的开端,均值方差分析最主要的贡献体现在资产组合选择的两个方面:一是多样化分散风险;二是风险和收益之间的权衡,并提供了一个容易处理和拓展的分析框架。然而在客观上存在以下不足:第一,均值方差分析是基于二次函数形式的期望效用最大化,二次效用函数形式意味着绝对风险厌恶系数随着财富增加而递增,这与现实不符。第二,均值方差分析是内生的短视的静态的单期配置问题,然而大多数投资问题都包括更长的投资期限以及期内资产的重新平衡。事实上,长期投资和短期投资的最优资产组合不尽相同。第三,均值方差分析意味着根据托宾(Tobin,1958)的两基金分离定理,投资者的风险厌恶态度只会影响无风险的资产(如货币市场基金)和风险资产组合两者之间的持有比例的变化,不影响投资者资产配置中风险资产组合中债券和股票权重。然而现实中的金融理财顾问们鼓励保守的投资者持有相对于股票更多的债券,如坎纳、曼昆和韦尔(Canner、Mankiw and Weil,1997)提出的"资产配置之谜"(Asset Allocation Puzzle),与两基金分离定理不符合。

正是因为上述严格的假定条件，自均值—方差模型面世起，众多学者结合均值—方差模型的假定条件与实际金融环境的不同所存在的缺陷，逐步解除上述约束，对资产组合选择理论进行了不同方面的扩展研究。总结后可大体归为下面四类：（1）放松用标准差或方差作为风险指标的假定，结合投资者对于客观风险的认知，将传统的风险指标进化为下半方差、偏度、峰度、VaR、CVaR 等，考虑在这一条件下的资产组合选择问题。（2）放松投资者只具有二元目标函数的假定，结合不确定性条件下决策理论的最新发展，考虑投资者主观效用（或偏好）对资产组合选择问题的影响。具体可细分为风险规避系数、经典期望效用理论、展望效用理论（行为金融学派）三个子领域。（3）放松投资者只有金融财富的假定，考虑人力财富和金融负债对资产组合选择问题的影响。（4）放松短期决策约束，研究长期投资者在单、多期框架下的资产组合选择问题。这些分支的研究各有优劣，此不赘述。

2.2.3　动态资产配置

莫顿（Merton，1969）和塞缪尔森（Samuelson，1969）给出了最早研究多期资产组合选择问题的经典文献，分别研究了固定投资机会条件下幂效用投资者的多期最优消费和资产组合选择问题的连续时间模型和离散时间模型。他们的研究表明投资者的资产组合选择决策只与其自身风险厌恶水平相关，而与投资期限无关，进而形成著名的短视（Myopic）效应：即长期投资者应持有与短期投资者相同的资产组合。

由上述讨论，可以看出均值—方差分析与战术资产配置基本相同，两者都是基于单期的，而动态资产配置的一个典型的特点是基于多期的。当然，单期资产配置是多期资产配置的基础，动态资产配置与均值方差分析不是完全冲突的。塞缪尔森（Samuelson，1963，1969）、莫辛（Mossin，1968）、莫顿（Merton，1969）和法玛（Fama，1970）相继描绘了长期投资者与短期投资者决策相同的限制条件。静态和动态资产配置在以下场合可能会一致：一是不变的投资机会，在固定不变的投资机会下，价值函数并不依赖于状态变量，即不变的投资机会意味着该类风险资产的收益服从独立同分布的，因此多期的投资组合选择决策会与短视的情形一致。二是独立于风险资产的时变投资机会，就是该类不确定性不断变化，但是独立于风险资产，这样投资者没有相应的资产用来对冲投资机会时变的资产，投资者的最优组合也完全是短视的。三是如坎贝尔和万斯勒（Campbell and Viceira，2002）所证实的，在递归效用函数的形式下，如果投资者的风险厌恶系数值为1，这时投资者也没有必要对冲状态变量变化所带来的风险。

莫顿（Merton，1971）开创性地给出了投资机会随时间变化时，长期投资者资产组合需求的一般框架，这项开创性研究被视为动态资产定价理论研究的标志性文献，而且也是战略资产配置理论研究的奠基性著作。莫顿（Merton，1971）证明在时变性投资机会条件下，如果投资者效用函数是对数效用函数形式，则投资者行为短视。但该文献最重要的贡献在于表明投资机会的变动（即时变性投资机会）对非对数效用投资者的资产组合选择问题将产生重大影响。即由于投资机会时变性的特征，投资者具有套期保值需求（Hedge Demand），换言之，投资者具有防止或抵御未来投资机会不利变动的动机。自此之后，时变性投资机会引致的套期保值需求成为多期资产组合选择问题研究的核心。20世纪70年代中期后，动态资产配置的研究进入战略资产配置的新阶段。

2.2.4　战略资产配置

然而，相关资产配置的研究远远落后于实际应用，这个观点在资产配置之谜提出之后又一次得到了印证。坎纳、曼昆和韦尔（Canner、Mankiw and Weil，1997）总结了4家不同投资咨询顾问在20世纪90年代初期推荐的资产组合模式，发现保守的投资者而非积极的投资者被推荐持有相对于股票更多的债券，而不是持有固定的债券/股票比率。传统均值—方差资产组合选择理论认为投资者的资产组合中风险资产相对比率应始终保持一致，并且资产组合选择决策只依赖于投资者的风险厌恶水平，而与投资期限无关。显然，"资产配置之谜"与传统资产组合选择理论相悖。发现相同事实的还有埃尔顿和格鲁伯（Elton and Gruber，2000）、沙利特和伊扎克（Shalit and Yitzhaki，2003）。

然而，"资产配置之谜"却能够通过资产配置决策的两条大拇指法则得到很好的解释。国外金融行业经历了百年的发展，积累了一系列建立在经验事实基础之上的经验法则，通常被业界和学术界称为大拇指法则。其中有两条关于资产配置决策的两条大拇指法则：（1）积极投资者应持有更多的股票资产，而保守投资者应持有更多的债券资产，即保守投资者的资

产组合中债券/股票比率应相对高于积极投资者，本书将其称为投资者风
险态度效应（Risk Attitude Effect）；（2）长期投资者应持有比短期投资者
更多的股票资产，本书称之为投资期限效应（Horizon Effect）。

　　是这两条经验法则错误，还是传统资产组合选择理论存在缺陷呢？
金和翁伯格（Kim and Omberg，1996），勃兰特（Brandt，1999），萨哈
利亚和勃兰特（Aït‐Sahalia and Brandt，2001），巴伯里（Barberis，
2000），布伦南和夏（Brennan and Xia，2000，2002），瓦克泰（Wacht-
er，2002，2003），坎贝尔和万斯勒（Campbell and Viceira，1999，2002）
等许多学者认为业界关于资产配置决策的大拇指法则是有道理的，关键在
于：（1）长期投资者和短期投资者的最优资产组合并不一样；（2）传统
资产组合选择理论忽略了时变性投资机会对投资者资产配置决策的影响。

　　关于这个难解之谜的争论促进了对长期战略资产配置问题的研究。在
这方面的研究分为连续时间情形和离散时间情形。

　　连续时间情形方面的总结见表 2-1。

表 2-1　　　　　　连续时间情形的战略资产配置问题的研究

	利率时变性	股票收益时变性	其他
默顿（Merton，1973）	随机变化	常数	常数风险溢价、常数方差、无通胀影响
布伦南、施瓦兹和拉格纳多（Brennan, Schwartz and Lagnado, 1997）	双因子利率动态模型	具有可预测性，预测指标为利率和股息生息率	常数风险溢价、常数方差、无通胀影响
翁伯格（Omberg，1999）、索楞森（Sørensen，1999）、巴热—贝奈努、乔丹和波泰特（Bajeux‐Besnainou, Jordan and Portait, 2001）	Vasicek 模型	常数	常数风险溢价、常数方差、无通胀影响
迪斯揣、格拉塞利和凯尔（Deelstra, Grasselli and Koehl, 2000）	CIR 模型	常数	常数风险溢价、常数方差、无通胀影响
布伦南和夏（Brennan and Xia, 2000）	Hull‐White 双因素模型	常数	常数风险溢价、常数方差、无通胀影响

续表

	利率时变性	股票收益时变性	其他
芒克和索楞逊（Munk and Sørensen, 2004）	Heath – Jarrow – Morton 模型	常数	常数风险溢价、常数方差、无通胀影响
金和翁伯格（Kim and Omberg, 1996）、瓦克泰（Wachter, 2002）	常数	具有均值回复特性，服从 Ornstein – Uhlenbeck 过程	常数风险溢价、常数方差、无通胀影响
查科和万斯勒（Chacko and Viceira, 2003）、克拉夫特（Kraft, 2005）	常数	时变	股票收益具有时变性波动率
布伦南和夏（Brennan and Xia, 2002）	具有均值回复特性，服从 Ornstein – Uhlenbeck 过程	常数	常数风险溢价、常数方差、有通胀影响
刘（Liu, 2007）	CIR 模型	常数	股票收益波动率付出 Heston 模型

在假定无通货膨胀影响和常数风险溢价、常数方差的条件下，莫顿（Merton, 1973）首次研究短期利率随机变化情形的资产组合选择问题，指出名义长期债券可以用来规避未来利率变动的不利影响。布伦南、施瓦兹和拉格纳多（Brennan, Schwartz and Lagnado, 1997）应用双因子利率动态模型，其中一个因子考虑了随机股利对利率的影响，研究随机投资机会条件下的资产组合选择问题。翁伯格（Omberg, 1999）、索楞逊（Sørensen, 1999）、巴热—贝奈努、乔丹和波泰特（Bajeux – Besnainou, Jordan and Portait, 2001）研究了随机利率服从瓦西塞克（Vasicek）模型、期末财富期望效用最大化的幂效用投资者的资产组合选择问题。迪斯揣、格拉塞利和凯尔（Deelstra, Grasselli and Koehl, 2000）利用鞅方法研究随机利率服从考克斯—英格索尔—罗斯（Cox – Ingersoll – Ross, CIR）模型、期末财富期望效用最大化的幂效用投资者的资产组合选择问题。布伦南和夏（Brennan and Xia, 2000）研究了当随机利率服从赫尔—怀特（Hull – White）双因素模型时，期末财富期望效用最大化的幂效用投资者的资产组合选择问题。芒克和索楞逊（Munk and Sørensen, 2004）利用鞅方法研究当随机利率服从希思—贾罗—莫尔顿（Heath – Jarrow – Morton）模型条件下幂效用投资者的最优消费与资产组合选择问题。

在假定无通货膨胀影响和常数利率、常数方差的条件下，金和翁伯格（1996）和瓦克泰（2002）研究了有限投资期限条件下，股票收益率具有均值回归特性即服从奥恩斯坦—乌伦贝克（Ornstein – Uhlenbeck）过程的资产组合选择问题。其中，金和翁伯格（Kimand Omberg，1996）考虑的是期末财富期望效用最大化的 HARA 效用投资者，瓦克泰（Wachter，2002）考虑的是最优消费—资产组合选择决策时间可分的幂效用投资者。

在时变性波动率条件下，查科和万斯勒（Chacko and Viceira，2005）、克拉夫特（Kraft，2005）和刘（Liu，2007）研究了投资者所面临的资产组合选择问题。在常数风险溢价、常数利率的条件下，查科和万斯勒（Chacko and Viceira，2005）研究发现在其他条件一定的情况下，股票收益率波动性的存在降低了投资者对于股票资产作为对冲未来投资机会不利变化的套期保值资产的需求。克拉夫特（Kraft，2005）分析了股票风险溢价是波动率的线性函数的情况，研究表明在风险溢价与波动率保持固定线性关系的条件下，投资者对股票资产的套期保值需求独立于收益率方差。刘（Liu，2007）研究了风险溢价随波动率同比例变化的情况，研究得出与克拉夫特（Kraft，2005）类似的结论，即波动率的时变性不会降低投资者对股票资产的套期保值需求。

离散时间情形方面。主要是以哈佛大学坎贝尔和万斯勒教授为代表的一批经济学家，在其专著《战略资产配置—长期投资者的资产组合选择》（Campbell and Viceira，2002）中，他们创立了一个可以与均值—方差分析相媲美的跨期实证分析方法；证明了长期通货膨胀指数化债券是长期投资者的无风险资产；揭示了股票作为对长期投资者比短期投资者更为安全资产的条件；证明了劳动收入怎样影响资产组合选择。

坎贝尔和万斯勒（Campbell and Viceira，1999）假定股票溢价具有可预测性，研究了风险厌恶程度大于 1 的长期投资者基于跨期保值需要所增加的对股票的需求。一般结论是：对冲时变性风险溢价不利影响的套期保值需求组合由股票资产构成。当风险溢价为正时，相对风险厌恶系数高于对数效用的投资者（$\gamma > 1$）的套期保值需求组合恒为正；相对风险厌恶系数低于对数效用的投资者（$\gamma < 1$）的套期保值需求组合恒为负。投资者面对时变性风险溢价所导致的资产组合选择结果可以解释投资期限效应的存在。坎贝尔和万斯勒（Campbell and Viceira，1999，2001）证明对最优投资策略中市场择机的忽略会导致更大的效用损失。

坎贝尔和万斯勒（Campbell and Viceira，2001）研究了具有无限投资期限的投资者面临时变性风险溢价的最优消费和资产组合选择问题。结果表明：假定利率的时变性，投资者基于保值需求而认为通货膨胀指数化证券是安全资产，并且长期通货膨胀债券能够增加稳健投资者的效用，而在均值—方差的短期分析框架下通货膨胀指数化证券是有风险资产。他们认为尽管股票资产具有较高的夏普比率，但通货膨胀的存在使得股票投资面临较高风险，资产组合中股票权重较小。并且随着投资者相对风险厌恶系数的增加，对长期债券和股票资产的需求减少（股票资产的需求减少速度更快），对通货膨胀指数化债券的需求增加。当投资者相对风险厌恶系数 $\gamma \to \infty$ 时，资产组合将完全由通货膨胀指数化债券组成。

坎贝尔、陈和万斯勒（Campbell，Chan and Viceira，2003）通过向量自回归方法（Vector Auto – Regression，VAR）刻画收益和状态变量之间相互影响的关系，从而同时满足利率和股票溢价的时变性。在对美国"二战"后的季度和年度数据的实证估计中，发现股票的可预测性将增加对股票的最优需求，而名义债券对于长期投资者来说主要依赖于与实际利率相关的风险，持有长期通货膨胀指数化债券可以增加保守投资者的效用。坎贝尔、查科和罗德里格兹（Campbell，Chacko and Rodriguez，2004）的研究也表明，保守的长期投资者存在积极的股票跨期套利需求。

以上回顾了具有代表性的资产配置模型，下节将重点回顾本书要使用的重点模型的基础——随机规划方法的研究动态。

2.3 金融资产动态配置的随机规划模型

金融市场全球化和衍生工具的大量应用加剧了金融市场的波动性和系统风险，金融机构需要使用更有效的工具进行投资组合管理。如何管理好金融资产成为金融学研究的重要课题之一。面对各种风险因素和不同管理目标，单期静态的优化方法已经不能有效解决长期投资者多资产的跨期配置问题。近年来随着理论研究的不断深入以及计算机技术的快速发展，随机规划在处理这种不确定因素下的动态决策问题上优势尽显。

2.3.1 随机规划模型介绍

随机规划是20世纪50年代后期兴起的一门年轻学科，它是数学规划的一个重要分支。在数学规划问题中，通常设定目标函数是确定性函数，约束条件是确定性集合。然而，在很多生产实践中，由于随机因素的影响，规划的目标函数或约束条件不可避免地带有随机成分（如目标函数或约束条件的系数服从某随机过程或为随机变量等）。此时，确定性的数学规划模型往往不适用，而必须依赖于新的随机性的数学规划模型来解决。于是随机规划理论应运而生。

随机规划模型是不确定条件下解决决策性问题的有力分析方法，以代表未来不确定性的情景树作为输入变量，可以巧妙地把决策者对不确定性的预期加入到模型中（Dixit and Pindyck，1994）。其进一步发展就是多阶段随机规划问题，旨在对拥有动态和顺序结构的现实决策问题提出更加灵活有效的解决方法。

目前，随机规划的应用日益广泛，特别见于资源分配、能源生产和传送、生产计划制定和工艺流程优化、交通工具调度、农林牧副渔业的生产管理、工程项目管理的各个领域和金融风险管理等。1999 年《运筹学年鉴》（Annals of Operations Research）出版了关于随机规划应用的专刊，详细论述了随机规划的发展、建模、算法及在各个领域的应用，并列出了关于随机规划理论的重点文献，展现了与之有关的丰硕成果，如图 2 - 1 所示。

2.3.2　金融问题的随机规划模型

由于计算机辅助手段尚不发达，随机规划投资组合选择的早期成果主要停留在单纯的线性或非线性模型理论研究和小规模的线性最优化应用上。基本模型主要有以下三种：

2.3.2.1　各种情景下的确定性规划模型

该模型沿袭了钱伯斯和查恩斯（Chambers and Charnes，1961）的线性规划资产配置模型，通常的形式是在满足一定的预算约束和流动性约束的条件下，最大化净收益的折现值。科恩和汉默尔（Cohen and Hammer，1967）对该模型进行改进并在一家纽约商业银行的应用中取得了初步的成果。该方法的缺陷在于，虽然考虑了经济情景的概率分布，但只是对每个情景寻求最优解。因此，模型结果并不是整体问题的最优决策，而只是可以观测到的在不同经济情景下的模拟行为。

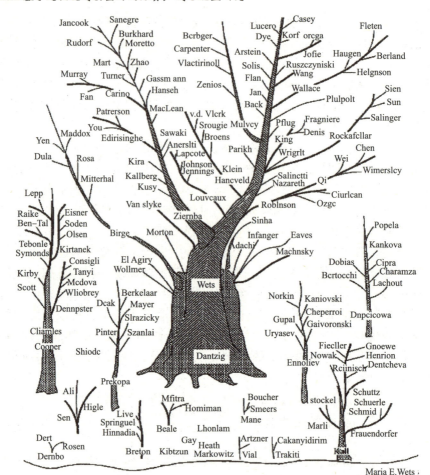

图 2 - 1　随机规划的丰硕成果

资料来源:《运筹学年鉴》, 1999, 85, 津巴 (Ziemba) 所撰写的序言。

2.3.2.2　机会约束模型

该模型由查恩斯和库伯 (Charnes and Cooper, 1963) 提出, 主要针对约束条件中含有随机变量, 且必须在观测到随机变量之前做出决策的情况。考虑到所做决策在不利情况发生时可能不满足约束条件, 该模型引入了一种可靠性形式, 即允许所做决策在一定程度上不满足约束条件, 但应使约束条件成立的概率不小于某一置信水平。

查恩斯和库伯 (Charnes and Cooper, 1963) 还将这类模型按照目标函数形式的不同分为三类:一是最大化期望值的 E - 模型;二是最小化方差的 V - 模型；三是最大化某概率的 P - 模型。在查恩斯和托雷（Charnes and Thore，1966）的研究中，此类约束用于描述资产配置中对流动性的要求。在他们的研究成果基础上，艾斯纳、卡普兰和佐登（Eisner，Kaplan and Soden，1971）进一步探讨了机会约束的 E - 模型，以两阶段线性随机规划问题为例，导出了多阶段三角形机会约束条件下的全概率约束和条件概率约束决策规则的关系定理。该方法的缺陷在于，虽然使得决策中面临的随机性有了简单的量化表示方式，然而该类模型没有考虑违反约束条件的严重性，未能量化投资者的风险态度并设置适当的惩罚函数。此外，随着阶段数的增加，问题的求解会愈加困难。

2.3.2.3　带有简单补偿的随机线性规划模型

该模型也被称为不确定条件下的线性规划模型，实际上是一个两阶段过程。投资者在观测到随机变量之前做出第一阶段决策，随后可以观测到随机变量的实现值，投资者在获得信息集更新后在第二阶段做出修正措施（也被称为适应决策）。由于第一阶段决策在随机参数没有实现的情况下做出，所以等到实际发生时与实际结果有偏差，因此需要在第二阶段决策时做出修正，同时要对产生偏差进行惩罚。假设惩罚值与偏差成正比，该惩罚在目标函数中得以体现。

卡尔贝里、怀特和津巴（Kallberg，White and Ziemba，1982）将该模型应用于短期金融计划，并同各种情景下的确定性规划模型结果进行了对比，发现即使采用相同的惩罚函数、相同的不确定性因素分布，随机规划模型的效果依然优于确定性规划。库西和津巴（Kusy and Ziemba，1986）为温哥华城市储蓄信贷协会的 5 年资金规划设计了一个带有简单补偿的多阶段随机规划模型，取得了良好的实践效果。

该模型的缺陷在于，由于该类模型均采用线性形式的目标函数和约束条件，在处理某些实践问题时稍显不足，尤其是对于体现投资者主观收益风险态度的目标函数时。因为在一般现实中，投资者在决策偏差较小的情况下单位惩罚成本应该小于决策偏差较大的情况，而线性关系则很难体现这一点。

2.3.3　随机规划在金融资产配置中的应用

随着信息技术的迅速提高，随机规划模型在金融领域的研究和实践中得到了广泛应用，大至大型金融机构的长期金融计划，小至个人投资者的资产买卖策略。在数学本质上，这些模型与早期模型并没有太大差别。但是由于应用机构的资产负债结构、运作目标与特性、资产方投资范围、负债方资金来源以及法规要求各不相同，从而在模型的具体形式和经济含义上有所差别。

2.3.3.1 资产负债管理方面

在众多的保险公司资产负债管理模型中，日本保险公司的 Russell – Yasuda Kasai 模型是其中的典范，得到了广泛应用并取得了令人瞩目的收益表现。卡里诺、肯特和迈尔斯（Carino，Kent and Myers，1994）为日本弗兰克—拉塞尔（Frank Russell）公司和安田（Yasuda）火灾及水灾保险股份有限公司设计了 Russell – Yasuda Kasai 模型。该模型可以应对日本保险法及相关法律法规所规定的各种复杂制度，旨在不牺牲公司长期财富增长这一前提下，获得高额收入来支付储蓄型保单中的年利息。卡里诺和津巴（Carino and Ziemba，1998）和卡里诺，迈尔斯和津巴（Carino，Myers and Ziemba，1998）分别对该模型的目标函数和情景生成技术进行了详细阐述，此不赘述。在该模型投入使用的最初两年，基于该模型的投资策略为公司获得了 42 个基本点的超额收益。与以前的定比例投资模型相比，该模型为公司每年节约 7900 万美元的费用，并因此获得弗朗兹·艾德尔曼（Franz Edelman Competition）管理成就奖。贝布尔（Babbel，2001）基于精算方法讨论了保险公司资产负债管理以及净现金流的计算方法，德兰格、弗雷顿和盖沃龙斯基（De Lange，Fleten and Gaivoronski，2004）研究了在金融市场上对冲保险业务风险的投资策略问题。

针对收益确定型（Defined Benefit，DB）养老金资产负债管理，本德（Boender，1997）构建了一个用于养老金战略资产管理计划的决策支持模型。该模型运用情景来描述相关风险，情景中的不确定性因素包括通货膨胀率、工资名义增长率、名义 GNP 增长率以及各种资产的收益率等。马尔维（Mulvey，1996）、马尔维、古尔德和摩根（Mulvey，Gould and Morgan，2000）为 Towers Perrin – Tillinghast 公司建立了随机资产负债管理系统，主要用于养老基金的资产负债管理和保险公司的金融风险管理，旨在帮助投资者来理解货币市场投资和其他决策过程中的风险和机会。该系统自 1991 年以来已在欧洲、北美、亚洲等地区 16 个国家得到应用，并为美国西部养老基金节约了 4.5 亿 ~ 10 亿美元的机会成本。科文博格（Kouwenberg, 2001）为一家荷兰养老金公司建立了多阶段随机规划模型。针对缴费确定型（Defined Contribution，DC）养老金资产负债管理，杜邦科娃和波利夫卡（Dupacová and Polivka，2004）、希利、科伊武和彭纳宁（Hilli，Koivu and Pennanen，2007）、盖耶和津巴（Geyer and Ziemba，2008）分别为捷克养老金、芬兰养老金和奥地利西门子企业年金建立了多阶段随机规划模型。其他学者在该领域也有突出贡献。凯恩斯（Cairns，2000）提出了连续时间框架下的养老金随机管理模型。布利耶、黄和塔利尔（Boulier，Huang and Taillard，2001）、约萨—丰贝利达和林孔—萨帕特罗（Josa - Fombellida and Rincón - Zapatero，2004）分别研究了 DB 型和 DC 型养老金在一定投资规划期内的动态调整策略，制定了各自的最优资产配置决策以及最优缴费率和最高退休金收益的确定方案。

银行资产负债管理方面。库西和津巴（Kusy and Ziemba，1986）为温哥华城市储蓄信贷协会的 5 年资金规划设计了一个带有简单补偿的多阶段随机规划模型，取得了良好的实践效果。奥乌兹瑞和古雅文（Oǧuzsoy and Güven，1997）针对银行资产负债管理业务提出了多期线性简单补偿模型，旨在确保银行在满足法律法规约束、平衡资金的来源及运用的同时，保证良好的收益性，同时满足存款提取的需要。该模型假设资产收益和借款成本确定，而存款水平为随机因素。银行政策的变化、环境因素的影响、潜在的风险和其他因素都由该模型表述及量化。研究选取了 1987～1990 年土耳其银行的样本数据进行了实证测试，结果优于确定性模型。瑟哈里德、康纳和哈奇（Seshadri，Khanna and Harche，1999）提出了在随机利率环境下的银行战略资产负债管理模型，并被成功应用于纽约联邦住房贷款银行。科斯米都和卓普迪斯（Kosmidou and Zopoundis，2004）基于银行资产负债表，结合银行收益性、流动性、清偿能力和存贷款业务的扩张要求，提出 2000 年希腊商业银行资产负债最佳配置的建议。费斯特尔和魏森施泰纳（Ferstl and Weissensteiner，2011）研究了时变环境下的资产负债管理，并提出了一种新的利率情景生成方法。

2.3.3.2 资产配置和风险管理方面

作为一种应用性很强的多阶段随机规划模型可以全面考虑诸如交易费用、市场不完备性、税收、交易限制和管理规则等因素，相比其他模型具有更大的灵活性。

随机规划模型用于固定收益证券组合投资，可以追溯到克兰（Crane，

1971）的商业银行债券组合管理随机规划模型和布拉德利和克兰（Bradley and Crane，1972）的债券组合管理随机规划模型。随后，戈卢布、霍尔默和麦肯达尔等（Golub，Holmer and McKendall 等，1995）、费斯特尔和魏森施泰纳（Ferstl and Weissensteiner，2010）将多阶段随机规划模型应用于现金资产管理。尼尔森和波尔森（Nielsen and Poulsen，2004）、拉斯穆森和克劳森（Rasmussen and Clausen，2007）相继建立用于丹麦抵押担保证券和抵押贷款投资组合管理的多因素随机规划模型。佐尼斯、霍尔默和麦肯达尔等（Zenios，Holmer and McKendall 等，1998）构建了基于蒙特卡洛模拟的利率期限结构的随机规划模型，实现对不确定环境下固定收益类资产组合的风险管理。将随机规划模型用于利率风险管理的文献则有贝尔特拉蒂、孔西利奥和佐尼斯（Beltratti，Consiglio and Zenios，1999）、孔西利奥和佐尼斯（Consiglio and Zenios，2001）、都帕克娃和贝尔特拉蒂（Dupacová and Bertocchi，2001）、贝尔托基、莫里贾和贝尔特拉蒂（Bertocchi，Moriggia and Dupacová，2006）等。

登普斯特、杰尔马诺和梅多瓦（Dempster，Germano and Medova，2002）和托帕尔格鲁、弗拉迪米罗和佐尼斯（Topaloglou，Vladimirou and Zenios，2008）将动态随机规划方法应用于全球资产负债管理，资产种类包括美元、英镑、欧元、日元等地区的股票，短中长期国债等，托帕尔格鲁、弗拉迪米罗和佐尼斯（Topaloglou，Vladimirou and Zenios，2008）还实现了外汇远期的选择性汇率风险对冲。托帕尔格鲁、弗拉迪米罗和佐尼斯（Topaloglou，Vladimirou and Zenios，2011）对国际资产配置中的汇率风险对冲进行了深入探讨，基于单期随机规划模型对外汇远期和外汇期权的风险对冲效果、累积财富增长等进行了详细比较，并得出包含以汇率为标的物的外汇衍生品在内的国际资产最佳配置策略。

2.3.3.3 财务资源分配方面

对于一个金融机构而言，制定适当的长期财务计划是十分必要的。这类问题主要是要解决如何分配财务资源以达到运作目标。马尔维和弗拉迪米罗（Mulvey and Vladimirou，1992）建立了多情景的一般化网络系统，用于组合管理和现金流管理。马尔维和谢蒂（Mulvey and Shetty，2004）建立了不确定性条件下的多阶段随机规划模型，解决了大型财务计划的框架构建问题。

2.3.3.4 个人投资方面

个人投资问题一般是同长期的收入、消费情况和财富积累目标紧密连续在一起。孔希利奥和登普斯特（Consigli and Dempster，1998）、梅多瓦、莫菲和欧文（Medova，Murphey and Owen，2008）等基于随机规划模型深入探讨了这类问题的建模流程。具体包括：（1）分析个人投资者的具体家庭情况、经济条件和工资收入等；（2）根据其风险厌恶程度和投资目标选择合适的财富效用函数。

上述文献为本书基于动态随机规划模型研究国际资产战略配置提供了充分的理论和方法论支持。

2.4 小结：学术问题的提出

本章结合研究的重心，从以上三个方面对相关文献和理论观点进行了综述。笔者发现国内外对国际资产配置和动态调整的相关研究不足，且主要是对已有的实践操作进行归纳与定性分析，从全球金融市场角度对国际资产配置的研究更是缺乏，且对国际投资中所面临的市场风险和汇率风险控制没有给出统一的定量策略框架。

基于此，本书从国际资产运作首先应当具有战略性的观点出发，综合考虑全球金融资产的相关性和国家战略发展目标，提出以下有待研究的学术问题：从动态调整的属性出发，建立国际资产配置的多阶段随机规划模型，有望更有效、更合理地进行国际资产配置中多币种、多资产的动态调整。问题是如何在多币种的资产投资中控制多元化汇率风险和多元化市场风险？如何对债券类投资控制利率风险？能否对衍生品套保组合实现包含全部5个希腊字母的综合风险控制？

第 3 章

金融类资产长期投资动态配置策略

本章和下一章将通过建立一个具有一般意义的随机规划模型，实现金融类资产在国际市场上长期动态配置和风险对冲，体现战略配置中的长期性、动态调整性和全局性特征。在建立模型时，力图将影响国际资产配置的主要因素合理地纳入到模型框架中，包括资金来源与应用的平衡、资产存货的平衡、管理当局对国际资产组合安全性的控制、对流动性、收益性的要求等，并将资产买卖过程中可能涉及的交易费用以及卖空约束等纳入到本章模型中。

3.1 模 型 框 架

3.1.1 基本分析思路

多阶段随机规划模型是基于以下情形：资产组合管理者必须面对一个不确定的未来做出序贯最优投资决策。其表现为一种动态战略，即它研究的是在整个资产配置计划期内各决策时点资产组合的最佳动态调整问题。

首先进行投资阶段划分：设定决策的时间起点为 $t=0$，建立时间坐标轴，$t=T$ 是整个时间轴的长度，计划期末 T 即所谓的决策的时间终点。把时间轴分为 T 个子区间，用 t 来标记每个时间点。在每个时间点，允许做出决策以及改变资产配置结构。每个时间区并不必须相等，只是抽象地表示做出决策的时间点及次序。

通常计划期由一系列时点构成，在这一时点上投资者持有计划目标。在每一投资阶段的期初，投资者就资产选择、负债偿还或财务目标进行决策。该模型通过调整资产类别、权重或完成投资目标之间的资源配置使其目标函数最优。每一投资阶段之间存在不确定性，例如，股票市场、债券市场和外汇市场等，其收益率及收益率的波动具有不确定性，同时其收益率之间具有时变的相关性。另外，该模型可以灵活处理限制条件，例如对资产买卖量、资产买卖的交易成本、投资机会等因素施加限制。

3.1.2　构成特点及相关假设

（1）模型能考虑决策者对风险承受的态度。长期投资的一个优点是投资风格的一贯性，使得投资者能够很好地确定应用于多阶段的偏好结构。而多阶段随机规划模型框架使得投资者看到当期投资决策的长期和短期后果。

（2）模型只考虑国际资产投资中用于积极管理的部分，而用于流动性干预的消极管理部分不包括在内。国际资产投资中的积极管理就是在满足资产必要流动性和安全性的前提下，拓展国际资产投资渠道，延长国际资产投资期限，以提高国际资产投资收益水平。而消极管理仅要求国际资产配置的安全性与流动性，不要求收益性。因为两部分投资目的的不同，决定了其投资策略、投资资产的种类、期限的不同。

（3）模型涉及的配置资产均为海外市场的国际资产，这是一个自然选择。本书涉及的机构投资者或者为主权财富基金，或者为投资基金主导的QDII，或者是社保基金和保险基金，其货币资本均来自国际收支的外汇盈余。既然是外币资本，就只能在国际资产中配置。再者，外国资本市场具有更强的流动性和市场投资空间，有利于大规模国际资产投资获得较高回报；从实体经济角度，海外投资有助于获取难以在国内逐步积累的关键性市场渠道、资源和技术，提高企业的国际竞争力。

（4）模型考虑交易成本。

（5）模型假设没有负债。在构造了初始投资组合后，随着各类资产收益率的变化，定期对投资组合进行再平衡。

（6）模型假设资产的买卖都发生在离散时间点。多阶段随机规划采用的是离散结构，决策都发生在离散时间点。除了资产买卖行为产生现金流之外，不再发生其他现金的流入流出。

3.1.3 目标函数选择

资产负债管理的主要问题是风险和收益的权衡。因此，投资者的目标一般可以通过目标函数选择和偏好设定来确定。一般有如下三种形式：（1）期末财富最大化；（2）古典均值—方差效用函数最大；（3）基于路径的期望效用函数最大。本书采用古典均值方差的思路，但对风险度量方式进行了调整。

传统风险度量方法如方差、半方差等都是随机误差的平均水平，降低了投资者更为关心的极端情形的风险度量水平。VaR 虽然给出了小概率、大损失的临界值而成为金融界测量风险的主流方法，但是存在三点不足。首先不满足次可加性，因此也就不是一致性风险度量（Artzner，1999）；其次，在进行情景分析时，VaR 不满足凸性要求，难以对投资组合进行优化（McKa and Keefer，1996）；再者，VaR 没有考虑极端不利情况下的损失（Beder，1995）。

针对 VaR 的缺陷，洛克菲勒和俄瑞斯（Rockafellar and Uryasev，2000）在 VaR 模型基础上提出 CVaR 概念，即损失超出 VaR 的条件均值。CVaR 函数的次可加性使得其是一致性的极端风险度量，且基于 CVaR 的最优投资组合模型可以转化为线性规划问题，在模型求解方面极为方便。因此，CVaR 一经提出便成为金融风险度量的有力工具，被广泛应用于风险管理领域及随机规划框架中，如托帕尔格鲁、弗拉迪米罗和佐尼斯（Topaloglou，Vladimirou and Zenios，2002，2008，2011）、费斯特尔和魏森施泰纳（Ferstl and Weissensteiner，2011）等。洛克菲勒和俄瑞斯（Rockafellar and Uryasev，2002）详细阐述了 CVaR 的计算方法，并与其他风险度量理论作了比较，证明了 CVaR 的优越性。

据此，本书采用 CVaR 指标来衡量投资组合的风险状况，以最小化投资收益的 CVaR 风险为目标。基于随机规划框架，我们采用洛克菲勒和俄瑞斯（Rockafellar and Uryasev，2002）所推导的 CVaR 线性度量形式：

$$\min \text{CVaR}_{\alpha} = z + \frac{1}{1-\alpha} \sum_{n \in N_T} p_n y_n , \qquad 式（3.1）$$

其中，z 是最优投资组合对应的 VaR 风险值，α 是 CVaR 显著性水平，p_n 是节点 n 出现的概率，y_n 是投资组合 CVaR 风险值超过 VaR 风险值的部分。

3.1.4　约束条件设定

模型的约束条件如下：

（1）调整前后各资产数量的动态平衡方程，即调整后资产数量等于调整前该资产数量加上该资产净买入量（即买入量减去卖出量）；

（2）调整前后各货币资金数量的动态平衡方程，即调整后资金的去向等于调整前资金的来源；

（3）满足资产交易的自融资假设，即在投资过程中不再额外增加或减少资金；

（4）管理当局对国际资产收益性的要求，即整个投资期中，投资组合的期望收益率不能低于必要收益率；

（5）卖空限制条件，即在任一节点处，某资产的出售量不能超过该资产的现货数量；

针对具体投资标的可能添加其他特定的限制条件。

3.1.5　离散情景树——不确定性的反映

在建立动态随机规划模型时，关键的一步是如何刻画金融资产未来收益变化的不确定性。以往研究通常假设资产价格或收益率服从某种特殊分布或某种随机过程，具有一定局限性。科文博格（Kouwenberg，2001）和托帕尔格鲁、弗拉迪米罗和佐尼斯（Topaloglou，Vladimirou and Zenios，2008）等在研究投资组合问题时采用离散情景树的形式来模拟金融资产价格未来变化的可能路径，而不局限于某一特定分布或随机过程。实证结果表明，离散情景树能够更好地反应金融资产价格变动特征。因此本书采用离散情景树来描述金融资产价格的演进路径，而不局限于某一特定分布，从而更好地反映金融资产价格变动的真实特征，如图 3 - 1 所示。

将所考察的投资区间平均分为 t = 0，1，…，T，在每一个时间点投资者都可以调整资产结构。t = 0 代表决策的时间起点，所有资产的价格及汇率水平是确定已知的，t = T 代表决策的时间终点。从 t = 1 到 t = T 的各个时间点中的每一个节点 $n \in N_t$ 均表示在未来时刻 t 所有资产的价格及汇率水平的一种可能的情况。从 t = 1 到 t = T 的各个时间点各自任取一个节点

连接起来便形成一个分支，反映了未来不确定演进的一条可能路径，如图
3-1中黑色粗线所示。

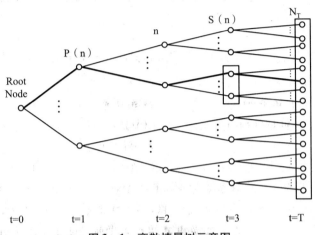

图 3-1　离散情景树示意图

情景树中相关符号的意义见表3-1所示。

表 3-1　　　　　　　　　　情景树中各符号意义说明

符号	意义
N	情景树全部节点集合
n	情景树中一个代表性节点，$n \in N$
N_t	第 t 期的情景节点集合，$N_t \subset N$，$t = 1, 2, \cdots, T$
p(n)	节点 n 的唯一紧邻上游父节点，$p(n) \in N$，$n \in N \setminus \{0\}$
S_n	节点 n 的所有紧邻下游子节点，$S_n \in N$，$n \in N \setminus \{N_T\}$
p_n	节点 n 出现的概率，$p_n = 1/N_t$，$\forall n \in N_t$，$t = 1, 2, \cdots, T$

　　情景树生成方法非常丰富，此不赘述。本书我们根据霍伊兰和华勒斯
（Hoyland and Wallace，2001，2003）提出的矩匹配方法，使得生成的资产
收益情景与其历史数据的某些统计特征（主要是前四阶矩和相关关系矩
阵）相吻合，以此产生所需要的情景。基于矩匹配方法生成情景的原理
如下。

　　用 $I = \{1, 2, \cdots, |I|\}$ 表示 $|I|$ 类资产集，$M_i^k (k = 1, 2, \cdots, q)$

表示资产 i 历史数据的前 q 阶矩，C_{il} 表示资产 i 和 l 之间的协方差，则资产 i 收益情景 π_{ij} 和其概率 $p_j(j=1,2,\cdots,N_t)$ 是下述非线性优化问题的决策变量：

$$\min \sum_{i=1}^{|I|} \sum_{k=1}^{q} w_i^k (m_i^k - M_i^k)^2 + \sum_{i,i \in I, i<l} w_{il} (c_{il} - C_{il})^2, \qquad \text{式 (3.2)}$$

$$\text{s. t.} \sum_{j=1}^{N_t} p_j = 1, \qquad \text{式 (3.3)}$$

$$m_i^1 = \sum_{j=1}^{N_t} \pi_{ij} p_j, \ i \in I, \qquad \text{式 (3.4)}$$

$$m_i^k = \sum_{j=1}^{N_t} (\pi_{ij} - m_i^1)^k p_j, \ i \in I, \ k=2,3,\cdots,q, \qquad \text{式 (3.5)}$$

$$c_{il} = \sum_{j=1}^{N_t} (\pi_{ij} - m_i^1)(\pi_{lj} - m_l^1) p_j, \ i, l \in I, \ i<I, \qquad \text{式 (3.6)}$$

$$p_j \geqslant 0, \ j=1,2,\cdots,N, \qquad \text{式 (3.7)}$$

其中，$m_i^k(i \in I, k=1,2,\cdots,q)$ 表示生成情景数据的前 k 阶矩，w_i^k 表示资产 i 收益率的 k 阶矩的权重，w_{il} 为资产 i 和 l 协方差的权重。

　　求解该非线性优化问题，从而生成满足约束条件的情景数据。再根据哈里森和克雷普斯（Harrison and Kreps，1979）无套利存在的充分必要条件和克拉森（Klassen，2002）提出的套利机会发现方法排除了基于矩匹配生成情景数据时的套利机会。

3.2　权益类资产长期投资动态配置策略

　　本节提出多币种、多资产组合投资的多阶段随机规划模型，该模型可以作为国际资产配置的一般框架，研究了不同目标收益率要求下的国际资产的动态最优币种结构和资产结构。

3.2.1　模型框架

3.2.1.1　变量说明

模型构建过程中涉及的相关变量和符号说明见表3-2。

表 3-2   模型构建过程中涉及的相关变量和符号说明

集合

C_0	投资币种集合
l	本币投资集合,$l \in C_0$
C	外币投资集合,$C = C_0 \setminus \{l\}$
I_c	币种 c 可能的投资资产集合,$c \in C$
N	情景树全部节点集合
n	情景树中一个代表性节点,$n \in N$
N_t	第 t 期的情景节点集合,$N_t \subset N$,$t = 1, 2, \cdots, T$
$p(n)$	节点 n 的唯一紧邻上游父节点,$p(n) \in N$,$n \in N \setminus \{0\}$
S_n	节点 n 的所有紧邻下游子节点,$S_n \in N$,$n \in N \setminus \{N_T\}$
p_n	节点 n 出现的概率,$p_n = 1/N_t$,$\forall n \in N_t$,$t = 1, 2, \cdots, T$

自定义参数变量

α	CVaR 显著性水平
μ	投资者目标收益率,即最低收益要求
γ_{ic}	币种 c 资产 i 买卖的交易费用率
λ_c	外汇 c 交换的交易费用率
z	最优投资组合对应的 VaR 风险值
y_n	投资组合 CVaR 风险值超过 VaR 风险值的部分

确定性输入变量

b_{ic}^0	币种 c 资产 i 在投资组合中的初始数量,$i \in I_c$,$c \in C$
p_{ic}^0	币种 c 资产 i 初始价格水平,$i \in I_c$,$c \in C$
e_c^0	币种 c 初始对人民币即期汇率值,$c \in C$
f_c^0	币种 c 初始对人民币远期汇率值,$c \in C$
V_0	以人民币表示的投资组合初始价值

情景生成变量

p_{ic}^n	节点 n 处币种 c 资产 i 价格水平,$i \in I_c$,$c \in C$,$n \in N \setminus \{0\}$
e_c^n	节点 n 处币种 c 对人民币即期汇率值,$c \in C$,$n \in N \setminus \{0\}$
f_c^n	节点 n 处币种 c 对人民币远期汇率值,$c \in C$,$n \in N \setminus \{0\}$

决策变量	
u_{ic}^n	节点 n 处币种 c 资产 i 的买入量，$i \in I_c$，$c \in C$，$n \in N \backslash \{N_T\}$
v_{ic}^n	节点 n 处币种 c 资产 i 的卖出量，$i \in I_c$，$c \in C$，$n \in N \backslash \{N_T\}$
w_{ic}^n	节点 n 处币种 c 资产 i 的持有量，$i \in I_c$，$c \in C$，$n \in N \backslash \{N_T\}$
p_c^n	节点 n 兑换为币种 c 所需要的人民币数量，$c \in C$，$n \in N \backslash \{N_T\}$
q_c^n	节点 n 处兑换为人民币所需要的币种 c 数量，$c \in C$，$n \in N \backslash \{N_T\}$
o_c^n	节点 n 处卖出币种 c 远期合约所得到的人民币数量，$c \in C$，$n \in N \backslash \{N_T\}$
中间计算变量	
V_n	节点 n 处投资组合全部资产以人民币表示的价值，$n \in N_T$
R_n	节点 n 处投资组合收益率，$n \in N_T$
L_n	节点 n 处投资组合损失率，$n \in N_T$

注：涉及情景树的变量说明参见表 3 - 1。

3.2.1.2 基本模型

关于目标函数设定。根据 3.1.3 节的讨论，将目标函数设定为如下线性形式：

$$\min \mathrm{CVaR}_\alpha = z + \frac{1}{1-\alpha} \sum\nolimits_{n \in N_T} p_n y_n . \qquad \text{式 (3.8)}$$

模型的约束条件包括：（1）投资者要求的必要收益率条件，（2）配置前后各资产数量的动态平衡方程，（3）配置前后各货币资金数量的动态平衡方程，（4）套保头寸建仓成本约束，（5）卖空限制条件，（6）变量符号约定，（7）投资组合价值、收益、损失与超额损失的度量等。具体说明如下：

A. 投资者要求的必要收益率条件：

$$\sum\nolimits_{n \in N_T} p_n R_n \geqslant \mu , \qquad \text{式 (3.9)}$$

式（3.9）表示在整个投资期内，投资组合的期望收益率不低于必要收益率 μ，反映了投资者对于投资组合收益性的要求。

B. 配置前后各资产数量的动态平衡方程：

$$w_{ic}^0 = b_{ic}^0 + u_{ic}^0 - v_{ic}^0 , \quad \forall c \in C_0 , \quad \forall i \in I_c , \qquad \text{式 (3.10)}$$

$$w_{ic}^n = w_{ic}^{p(n)} + u_{ic}^n - v_{ic}^n , \quad \forall c \in C_0 , \quad \forall i \in I_c , \quad \forall n \in N \backslash \{N_T \cup 0\} ,$$

$$\text{式 (3.11)}$$

式（3.11）表示在除了初始期和最终期外的其他任何时期任一节点 n 处，

某资产调整后的存量等于调整前的存量加上该资产的净买入量。式 (3.10) 是式 (3.11) 的初始平衡方程,表示某资产在初始节点处调整后的存量等于该资产的初始禀赋加上该资产的净买入量。

  C. 配置前后各货币资金数量的动态平衡方程:

$$\sum_{c \in C} q_c^0 (1 - \lambda_c) = \sum_{c \in C} p_c^0 (1 + \lambda_c) , \qquad \text{式 (3.12)}$$

$$\sum_{i \in I_c} v_{ic}^0 p_{ic}^0 (1 - \gamma_{ic}) + \frac{p_c^0}{e_c^0} = \sum_{i \in I_c} u_{ic}^0 p_{ic}^0 (1 + \gamma_{ic}) + \frac{q_c^0}{e_c^0} , \qquad \text{式 (3.13)}$$

$$\sum_{c \in C} \left[q_c^n (1 - \lambda_c) + o_c^{p(n)} \right] = \sum_{c \in C} p_c^n (1 + \lambda_c) ,$$
$$\forall c \in C, \ \forall n \in N \backslash \{ N_T \cup 0 \} , \qquad \text{式 (3.14)}$$

$$\sum_{i \in I_c} v_{ic}^n p_{ic}^n (1 - \gamma_{ic}) + \frac{p_c^n}{e_c^n} = \sum_{i \in I_c} u_{ic}^n p_{ic}^n (1 + \gamma_{ic}) + \frac{q_c^n}{e_c^n} + \frac{o_c^{p(n)}}{f_c^{p(n)}} ,$$
$$\forall c \in C, \ \forall n \in N \backslash \{ N_T \cup 0 \} , \qquad \text{式 (3.15)}$$

式 (3.13) 和式 (3.15) 分别表示初始期和除了初始期及最终期外的其他任何时期任一节点 n 处外币资金的来源等于调整后资金的支出。式 (3.12) 和式 (3.14) 分别表示初始期和除了初始期及最终期外的其他任何时期任一节点 n 处资金流量平衡方程,资金的来源等于资金的去向。

  D. 套保头寸建仓成本约束:

$$o_c^n \leqslant \psi_c^n , \ \forall n \in N \backslash N_T , \qquad \text{式 (3.16)}$$

$$\psi_c^n = \begin{cases} 0 \\ \infty \\ \sum_{m \in S(n)} p_m e_c^m \left(\sum_{i \in I_c} w_{ic}^n p_{ic}^m \right) \end{cases} , \qquad \text{式 (3.17)}$$

式 (3.16) 对构建外汇远期头寸有所约束,分为三种类型,见式 (3.17):(1) 无套保,(2) 实施套保但对套保头寸没有限制,(3) 实施套保且以人民币计价的用于构建外汇远期头寸的成本不超过投资组合的预期价值,即外汇远期仅用于套保而非投机行为。

  E. 卖空限制条件:

$$0 \leqslant v_{ic}^0 \leqslant b_{ic}^0 , \ \forall c \in C, \ \forall i \in I_c , \qquad \text{式 (3.18)}$$

$$0 \leqslant v_{ic}^n \leqslant w_{ic}^{p(n)} , \ \forall c \in C, \ \forall i \in I_c, \ \forall n \in N \backslash \{ N_T \cup 0 \} , \qquad \text{式 (3.19)}$$

  式 (3.18) 和式 (3.19) 表示在本书的讨论中不允许卖空,即在任一节点处,某资产的出售量不能超过该资产的现货数量。

  F. 变量符号约定:

$$u_{ic}^n \geqslant 0, \ w_{ic}^n \geqslant 0, \ \forall c \in C_0, \ \forall i \in I_c, \ \forall n \in N \backslash N_T , \qquad \text{式 (3.20)}$$

$$p_c^n \geqslant 0, \quad q_c^n \geqslant 0, \quad \forall c \in C, \quad \forall n \in N \backslash N_T, \qquad \text{式 (3.21)}$$

式 (3.20) 表示资产的存量和买入量均不为负；式 (3.21) 表示外汇市场上交易量恒不为负。

G. 投资组合价值、收益、损失与超额损失的度量：

$$R_n = \frac{V_n}{V_0} - 1, \quad \forall n \in N_T, \qquad \text{式 (3.22)}$$

$$L_n = -R_n, \quad \forall n \in N_T, \qquad \text{式 (3.23)}$$

$$y_n \geqslant L_n - z, \quad y_n \geqslant 0, \quad \forall n \in N_T, \qquad \text{式 (3.24)}$$

$$V_n = \sum_{c \in C} e_c^n \left(\sum_{i \in I_c} w_{ic}^{p(n)} p_{ic}^n - \frac{o_c^{p(n)}}{f_c^{p(n)}} \right) + \sum_{c \in C} o_c^{p(n)} \qquad \text{式 (3.25)}$$

3.2.2　实证研究

3.2.2.1　数据描述和情景生成

实证分析从中国投资者角度出发，选取美元、欧元、英镑和日元四种货币作为国际投资的配置币种，在美国、英国、欧元区 (以德国市场为代表) 和日本的股票指数和债券指数市场进行资产配置，同时采用外汇远期规避汇率风险。人民币对各货币汇率数据来源于 DataStream 数据库；各国股指市场以 MSCI 公布的各国家指数为代表，数据来源于摩根士丹利资本国际有限公司数据库 (Morgan Stanley Capital International, Inc. database, www. mscidata. com)；债券指数以各国家的短、中长期国债为代表，数据来源于 DataStream 数据库；美元、英镑、日元的无风险收益率由三个月期国库券收益率代表，欧元的无风险收益率由三个月期伦敦银行间拆借利率代表，人民币无风险收益率用一年期存款利率代表，上述利率数据均来源于 http：//www. econstats. com；以上时间序列均为日度数据。由于各市场节假日不同，因此我们仅保留所有市场都开放的日期的数据。将上述日度数据取对数后再按月取平均转化成收益率月度数据。

为了利用矩匹配方法，本书采用回溯模拟的方法，将历史数据 (2002年 1 月～2009 年 12 月) 分为两段，以前段数据 (2002 年 1 月～2007 年 10 月) 为建模样本，通过拟合收益率序列的前四阶中心矩，即均值、方差、偏度、峰度和协方差矩阵来生成后段情景 (2007 年 11 月～2009 年 12

月），使得各个时刻成情景的数据特征满足各变量历史数据的前四阶中心矩和协方差矩阵，同时参照克拉森（Klassen，2002）的方法排除出现的套利机会。后一段数据为检验样本。

其他参数设置如下：预期收益率分别为0%和2%，CVaR的置信度为99%，定义CVaR时的辅助变量为1%，股指和国债交易成本为0.55%，外汇交易成本为0.1%。

3.2.2.2　结果分析

（1）有效前沿面比较。图3-2给出了2003年10月的基于国际资产组合CVaR最优的有效前沿。该曲线刻画了两阶段计划期的最优组合预期收益与以CVaR指标度量风险的风险收益结构。我们看到，含套保组合（实施某个套保策略）的风险—收益有效前沿显著优于无套保组合的风险—收益有效前沿，这就是说加入套保工具的组合在获得同样预期收益时承担较小的风险。我们还注意到，无论何种套保手段，对冲外汇风险的套保组合相比无套保组合在同样风险水平获得较高的收益。因此，加入套保工具的组合配置不仅可以控制风险，而且提升了潜在收益。此外，在使用了外汇远期的策略中，策略2的有效前沿具有显著的高收益优势，这在高预期回报的情形尤为突出；其原因在于，策略2对于外汇远期头寸没有设限，而策略1限制了相应币种资产的外汇远期的构建头寸。如图3-2所示。

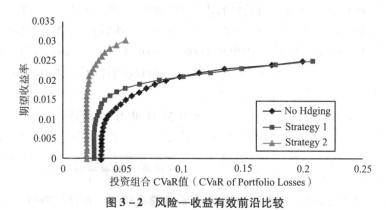

图3-2　风险—收益有效前沿比较

注：No Hedging、Strategy 1和2分别代表未实行套保策略、最优策略1和2。

（2）累积财富比较。尽管通过样本内的静态检验已经评价了各个方案的有效性，笔者还针对上述套保策略做了样本外动态检验，用以评价相关策略在实践中的实际套保效果。在二阶段组合优化中，图 3 – 3 和图 3 – 4 分别展示了收益目标为 0% 和 2% 的运行结果。

在最小风险型（目标收益率为 0%）情形下，当宏观经济处于良好状态时，所有三种策略的表现并无差异，而在 2008 年 3 月到 2009 年 12 月的全球金融危机时期，实施套保策略的投资组合就稳定地优于无套保策略的投资组合，特别是还产生了正的收益。其中，在世界经济于底部徘徊的 2009 年 2 月到 2009 年 12 月，无套保比例限制的配置策略而获得了更好的绩效。具体情况如图 3 – 3 所示。

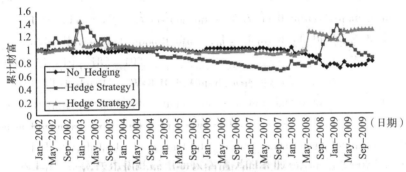

图 3 – 3 最小风险型策略投资收益的事后评价（预期目标收益为 0%）

注：No Hedging、Strategy 1 和 2 分别代表未实行套保策略、最优策略 1 和 2。

在进取型（预期目标定为 2%）情形下，三种不同套保策略的表现差异展现在图 3 – 4。由于使用外汇远期对冲汇率风险，两种套保策略比无套保策略有突出的表现。基于已实现累积收益的事后评价表明，在市场上升期，套保策略有突出的绩效，而在市场下行期也略占优势。再者，无头寸限制的套保策略比有头寸限制的套保策略在市场上行期（2003 年 7 月 ~ 2006 年 12 月）略有优势，而在市场下行期（2008 年 3 月 ~ 2009 年 1 月）则有显著优势。如图 3 – 4 所示。

静态与动态检验结果都表明，在国际资产配置的投资组合中，外汇远期的套期保值可以控制外汇风险，进而有效保证目标收益的实现。

（3）最优配置组合构成。图 3 – 5 和图 3 – 6 比较了套保策略 1 在最小风险型和进取型两种情形下的最优配置组合构成。在最小风险型组合中，美国国债（尤其是短期国债）和其他三国短期国债在资产组合中权重最大，且权重较为稳定。在市场乐观期，例如 2006 年 7 月～2007 年 11 月间，进取型情形下，最优配置组合中德国股指、日本股指及其他高成长市场股指成为主导。

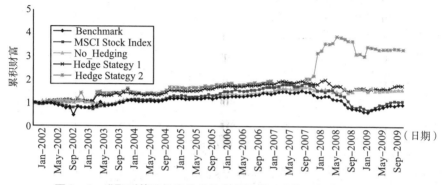

图 3 - 4   进取型策略投资收益的事后评价（预期目标收益为 2%）

注：以 Benchmarkt 为基准，MSCI Stock Index 表示参考股指，No Hedging、Strategy 1 和 2 分别代表未实行套保策略、最优策略 1 和 2。

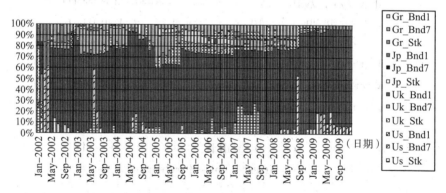

图 3 - 5   最小风险型策略 1 的组合构成（目标收益为 0%）

注：Gr_Bnd 1、Gr_Bnd 7、Gr_Stk 分别代表德国短期债券、长期债券和股指；Jp_Bnd 1、Jp_Bnd 7、Jp_Stk 分别代表日本短期债券、长期债券和股指；Uk_Bnd 1、Uk_Bnd 7、Uk_Stk 分别代表英国短期债券、长期债券和股指；Us_Bnd 1、Us_Bnd 7、Us_Stk 分别代表德国短期债券、长期债券和股指。

图 3 - 7 展示了最优币种配置结果。其中，占据最大份额的是美元资产，约为 47.80%；其他币种占比分别为：欧元约占 25.10%，英镑约占 15.00%，日元约占 11.41%。该结果与世界贸易结算货币相比，已经明显

减少了美元而增加了其他三个币种。这一比重结构维持了相当长的投资期，说明了上述配置策略的稳健性。因此，随机规划模型也为国际资产的币种配置提供了良好的参考。

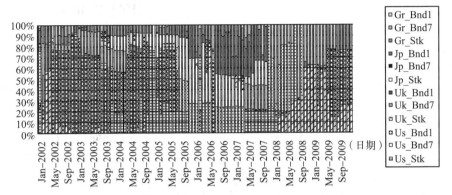

图 3 - 6　进取型策略 1 的组合构成（目标收益为 2%）

注：Gr_Bnd 1、Gr_Bnd 7、Gr_Stk 分别代表德国短期债券、长期债券和股指；Jp_Bnd 1、Jp_Bnd 7、Jp_Stk 分别代表日本短期债券、长期债券和股指；Uk_Bnd 1、Uk_Bnd 7、Uk_Stk 分别代表英国短期债券、长期债券和股指；Us_Bnd 1、Us_Bnd 7、Us_Stk 分别代表德国短期债券、长期债券和股指。

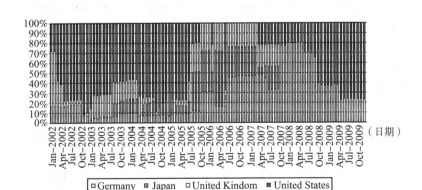

图 3 - 7　进取型策略 1 的币种构成（目标收益为 2%）

注：Germany、Japan、United Kindom 和 United States 分别代表德国、日本、英国和美国。

（4）基本统计指标。最后笔者给出各套保策略绩效的基本统计特征，如表 3 - 3 所示。笔者特别考虑了如下描述已实现月度收益率的事后评价指标，涉及算术平均、几何平均、标准差、夏普率、套保效率（以风险减

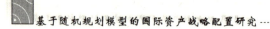
低程度衡量）和 UP_Ratio（上行潜在收益与下行风险比）①。

表 3 - 3　　　未套保和采用各套保策略的投资组合月度收益的统计特征

	基准	MSCI EAFE 股指	未套保	套保策略 1	套保策略 2
月度已实现收益的绩效评价（最小风险情形）					
算术平均	0.257%	0.386%	−0.184%	−0.021%	0.395%
几何平均	−0.027%	0.114%	−0.226%	−0.156%	0.264%
标准差	0.0903	0.0533	0.0292	0.0210	0.0513
Sharp 率	0.0285	0.0724	−0.0063	−0.1000	0.0770
UP_Ratio	—	—	0.4111	0.4505	0.4769
套保效率	—	—	—	67.692%	94.587%
月度已实现收益的绩效评价（积极情形）					
算术平均	0.257%	0.386%	0.570%	0.684%	1.606%
几何平均	−0.027%	0.114%	0.503%	0.603%	1.274%
标准差	0.0903	0.0533	0.0367	0.0399	0.0806
Sharp 率	0.0285	0.0724	0.1553	0.1714	0.1993
UP_Ratio	—	—	0.4802	0.5667	0.5755
套保效率	—	—	—	20.453%	80.446%

　　结果表明，在表示高成长和稳定回报的夏普率和 UP 比方面，进取型胜出最小风险型，但是在套保效率方面则要逊色。在进取型中，两种套保策略与无套保策略相比，具有较高的算术\几何平均收益和较低的标准差。

---

　　① UP_Ratio 由 Sortino 和 Van der Meer（1991）提出，代表在给定的基准收益率下，资产组合的升值潜力与亏损风险的比值。具体计算过程说明。假设 r_t（t = 1，2，…，T）代表不同币种配置模型在 2007 年 10 月 ~ 2009 年 12 月期间每个月的收益率，（T = 27），令基准收益率 ρ_t 取值为 0.2%。计算公式如下：

$$UP\_ratio = \frac{\frac{1}{T}\sum_{t=1}^{T} max[0, r_t - \rho_t]}{\sqrt{\frac{1}{T}\sum_{t=1}^{T}(max[0, \rho_t - r_t])^2}},$$

其中分子代表资产组合的升值潜力，分母代表资产组合的亏损风险，该指标越大说明投资组合配置效果越好。

套保策略 1 夏普率比较令人满意，套保策略 2 要更为突出，能够获得高达 19.27% 的平均年化收益率，同时其标准差却比较低。此外，包含外汇远期的组合获得较高的 UP 比，意味着其较高的收益/损失比。套保策略 2 相对于策略 1 的近 4 倍的套保效率意味着增加组合中的外汇远期不仅能够起到套保效果，而且有时可能获得一定收益。最小风险型和进取型的结论类似。

3.3　主权债券长期投资动态配置策略

本节针对主权债券建立实施动态调整策略的国债组合投资的多阶段随机规划模型，导出基于未来利率市场不确定信息的具备动态调整特点的国债组合主动投资策略。该模型采用基于利率水平、斜率和曲率"三位一体"的离散情景树刻画未来利率期限结构动态演化过程；通过最小化国债组合收益的条件风险价值，对国债组合进行主动动态调整；同时兼顾国债投资安全性、流动性和收益性等要求，实现了国债组合投资管理中利率风险规避和收益能力的有效匹配。

3.3.1　问题提出

国债投资涉及债券定价、债券组合管理、利率风险管理乃至宏观货币政策效应等方面，其投资策略一直受到业界和学术界的广泛关注。传统的国债投资与管理方法主要集中于麦考利（Macaulay）久期与凸度等免疫策略，其适用的前提是利率期限呈现平移结构，当不同期限的收益率呈现非平行移动特征时，该方法就失效了。

为此，学者们曾先后提出两种解决方案。一种思路是推出新的单一久期概念替代麦考利（Macaulay）久期，旨在增进久期配比免疫策略的效果，代表性的有：费施尔和韦尔（Fisher and Weil, 1971）的 Fisher - Weil 久期、达拉格兰德维尔（De La Grandville, 2003）的方向久期、郑、托马斯和艾伦（Zheng, Thomas and Allen, 2003）的近似久期等。另一种思路是将单一维度的麦考利久期扩展到具有多个维度的久期概念，利用多个参数来刻画收益率曲线的变动特征，以期能够更全面地反映利率风险结构，例如库伯（Cooper, 1977）的部分久期。考虑到不同形式的曲线参数拟合方法，部分久期可以进一步分为多种类型：钱伯斯、卡尔顿和麦克内利（Chambers，Carleton and McEnally，1988）的多项式久期，埃尔顿、格鲁伯和米夏埃利（Elton，Gruber and Michaely，1990）的关键利率久期，威尔纳（Willner，1996）的指数久期，索托（Soto，2004）的潜在因素久期和基于传统尼尔森—西格尔（Nelson - Siegel）模型及动态尼尔森—西格尔模型（DNS）的部分久期等。针对中国国债投资，张继强（2004）提出基于传统尼尔森—西格尔模型的三因素久期免疫策略，经验分析表明其效果优于久期—凸度模型；朱世武，李豫和董乐（2004）也持有同样观点。与麦考利久期、修正久期、费施尔—韦尔久期、方向久期、尼尔森—西格尔部分久期和近似久期的久期配比免疫策略相比，尼尔森—西格尔部分久期配比免疫策略的套保效果和稳健性最佳，对此余文龙和王安兴（2010）提供了详实的实证证据。王志强和康书隆（2010）改进了尼尔森—西格尔部分久期配比策略，提出了基于利率预测信息的被动免疫策略。

以上两种解决方案在一定程度上提高了利率风险的免疫效果，但是对于利率期限结构非平行移动情形，特别是利率大幅度变动或者多次不规则调整的复杂利率环境，单纯基于风险因素的静态久期配比策略就远不能令人满意。主要表现在以下两个方面：第一，久期免疫策略基于利率期限结构的线性化平移假设，不能反映货币政策调整和市场利率的非线性动态变化，特别是跳跃情形，因此没有充分考虑到未来市场的不确定性，相关组合系数不具有稳健性。或者说，基于静态利率期限结构所建立的债券组合在动态情形往往偏离最优免疫组合。对此，需要一种积极的考虑交易成本的动态策略，同时保持简单免疫的功能。第二，传统免疫策略目标函数在平均意义下实现免疫组合的权重确定，忽略引起重大损失的极值情形。其方法论特点是传统证券组合优化的分散化思想和相对目标无风险资产收益的均方误差最小化。对于仅仅承担单一利率风险的国债投资而言，分散化起不到减低风险的作用。而均方误差方法受到投资期限的严格制约，当期限稍作延长时，面对利率结构的变动，零息债券本身由于其收益现金流靠后而面临更高的利率风险，以目标零息债券为参照可能导致最优状态的利率风险暴露头寸仍然很高。王志强和康书隆（2010）的研究表明，不同持有期内的久期配比策略免疫效果分布呈现一定的周期性规律，即持有期限在3.5年到5年内的免疫效果较好，然而随着持有期的延长，免疫效果明显减弱。因此，在模型选择方面，应当考虑针对单一利率风险极端情形的更为稳健的方法。

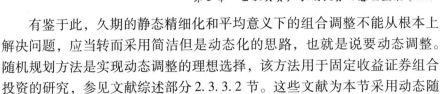

有鉴于此，久期的静态精细化和平均意义下的组合调整不能从根本上解决问题，应当转而采用简洁但是动态化的思路，也就是说要动态调整。随机规划方法是实现动态调整的理想选择，该方法用于固定收益证券组合投资的研究，参见文献综述部分2.3.3.2节。这些文献为本节采用动态随机规划模型研究中国国债组合投资管理策略提供了充分的理论和方法论支持。

针对上述第一个问题，结合宏观因素生成中国国债市场收益率情景树，以刻画未来利率期限结构的动态演化过程来描述未来利率市场的不确定性。针对第二个问题，使用一致性极端风险度量CVaR指标来衡量国债投资组合的风险状况，以最小化投资收益的CVaR为目标，以投资者对国债投资组合的安全性、流动性、收益性和分散性和交易成本控制等基本要求为约束，对国债组合进行主动式动态滚动调整。模型论证要与久期凸度、DNS向量久期等传统免疫方法进行比较。

本节的贡献在于首次提出国债组合多阶段随机规划模型，实现了动态主动式调整策略。其创新性体现在：第一，以利率情景树预测利率期限结构的动态演化，实现了水平、斜率和曲率的"三位一体"以及对货币政策变化的响应；第二，在最小化CVaR目标和多指标约束相结合的结构中，实现了投资者在规避利率风险和追求目标收益之间的动态平衡。

3.3.2　模型框架

在多阶段随机规划模型框架下，通过引入CVaR指标来衡量国债投资组合的风险状况，以最小化投资收益的CVaR风险为目标，以投资者对国债投资组合的安全性、流动性、收益性和分散性要求为约束，对国债投资组合进行统一动态滚动配置。

3.3.2.1　基本假设

假设资本市场中存在一种无风险资产（3个月国库券或现金，现金指活期存款和3个月银行贷款）和 $|I|$ 种国债资产，这里 $|I|$ 表示集合 I 的元素个数。投资规划期为 $[0, \tilde{T}]$，平均划分为各决策区间 $\tilde{t} = 0$，T，2T…，$\tilde{T} = LT$，在各决策时点投资者都可以调整国债投资组合结构和现金头寸。对现金和各种国债资产投资比例的上下限有要求。买进和卖出国债均存在交易费用，借贷资金由于交易成本而存在利率价差，国债资产不

允许卖空。图 3-8 是国债投资组合结构动态调整示意图。

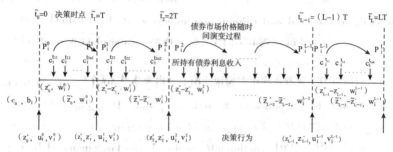

图 3-8　国债投资组合结构动态调整示意图

3.3.2.2　变量说明

模型构建过程中涉及的相关变量和符号说明参见表 3-4。

表 3-4　　　　　　　模型构建过程中涉及的相关变量和符号说明

集合	
I	可投资的债券集合，$i \in I$, $i = 1, 2, \cdots,$ $|I|$
N	情景树全部节点集合
n	情景树中某一个代表性节点，$n \in N$
N_t	第 t 期的情景节点集合，$N_t \subset N$, $t = T, 2T, \cdots, \tilde{T}$
n^p	节点 n 的唯一紧邻上游父节点，$n^p \in N$, $n \in N \backslash \{0\}$
n^s	节点 n 的所有紧邻下游子节点，$n^s \in N$, $n \in N \backslash N_{\tilde{T}}$
T_i^n	在决策节点 n^p 和决策节点 n 分别对应的时点构成的时间间隔中第 i 个债券派息时点集合
P_n	节点 n 出现的概率，$\forall n \in N_t$, $t = T, 2T, \cdots, \tilde{T}$

自定义参数变量	
α	CVaR 和 VaR 值的显著性水平
μ	投资者目标收益率，即最低收益要求
ϑ_i^u	买入债券 i 的交易费用率
ϑ_i^v	卖出债券 i 的交易费用率
ϑ_c^l	由于交易成本导致的贷出现金利率价差

自定义参数变量	
ϑ_c^b	由于交易成本导致的借入现金利率价差
l^z	现金持有比例下限
u^z	现金持有比例上限
l^i	债券 i 持有比例下限
u^i	债券 i 持有比例上限
φ	最优投资组合对应的 VaR 风险值
确定性输入变量	
c_0	初始时刻现金量
b_i	初始时刻债券 i 的持有量，$i \in I$
P_i^0	初始时刻一单位债券 i 的市场价格，$i \in I$
c_i^t	t 时刻派发的一单位债券 i 的利息，$t \in [0, \tilde{T}]$
τ_i^t	在决策节点 n^p 和决策节点 n 分别对应的时点构成的时间间隔中，第 i 个债券派息时刻 t 距决策节点 n^p 对应的时点的期限，$t \in T_i^n$
依赖于情景的输入变量	
P_i^n	决策节点 n 处一单位债券 i 的市场价格，$i \in I$，$n \in N \backslash \{0\}$
β^n	决策节点 n 处 Nelson – Siegel 利率期限结构状态因子向量
$y(\beta^n, T)$	Nelson – Siegel 利率期限结构状态因子为 β^n、期限为 T 的即期收益率
$\delta(\beta^{np}, \tau_i^t)$	决策节点 n 处折现因子，$\delta(\beta^{np}, \tau_i^t) = e^{-y(\beta^{np}, \tau_i^t)\tau_i^t}$，其中 $y(\beta^{np}, \tau_i^t)$ 代表 Nelson – Siegel 利率期限结构状态因子为 β^{np}、期限为 τ_i^t 的即期收益率
决策变量	
根决策点	
u_i^0	根节点处债券 i 的买入量，$i \in I$
v_i^0	根节点处债券 i 的卖出量，$i \in I$
w_i^0	根节点处债券 i 的持有量，$i \in I$
z_0^+	根节点处贷出资金量
后续决策点	
u_i^n	某一后续决策节点 n 处债券 i 的买入量，$i \in I$，$n \in N \backslash \{0 \cup N_{\tilde{T}}\}$
v_i^n	某一后续决策节点 n 处债券 i 的卖出量，$i \in I$，$n \in N \backslash \{0 \cup N_{\tilde{T}}\}$

后续决策点	
w_i^n	某一后续决策节点 n 处债券 i 的持有量，$i \in I$，$n \in N \setminus \{0 \cup N_{\tilde{T}}\}$
z_n^+	某一后续决策节点 n 处贷出资金量，$n \in N \setminus \{0 \cup N_{\tilde{T}}\}$
z_n^-	某一后续决策节点 n 处借入资金量，$n \in N \setminus \{0 \cup N_{\tilde{T}}\}$
计算变量	
V_0	根节点处债券投资组合价值
V_n	某一节点 n 处债券投资组合价值，$n \in N \setminus \{0\}$
R_n	叶子节点 n 处投资组合收益率，$n \in N_{\tilde{T}}$
L_n	叶子节点 n 处投资组合损失率，$n \in N_{\tilde{T}}$
ψ_n^+	叶子节点 n 处投资组合损失超过 VaR 风险值的部分，$n \in N_{\tilde{T}}$
ψ_n^-	叶子节点 n 处投资组合盈余超过 VaR 风险值的部分，$n \in N_{\tilde{T}}$

3.3.2.3 模型建立

关于目标函数设定。基于随机规划框架，我们采用洛克菲勒和俄瑞斯（Rockafellar and Uryasev，2002）所推导的 CVaR 指标线性度量形式：

$$\min CVaR_\alpha = \varphi + \frac{1}{1-\alpha} \sum_{n \in N_{\tilde{T}}} P_n \psi_n^+. \qquad 式（3.26）$$

关于约束条件设定。模型的约束条件包括：1）投资者要求的必要收益率条件；2）配置前后各国债投资数量的动态平衡方程；3）配置前后国债投资组合价值的动态平衡方程；4）现金持有比例约束；5）卖空限制条件；6）变量符号约定；7）国债投资组合价值、收益、损失与超额损失的度量等，具体说明如下。

（1）投资者要求的必要收益率条件。

$$\sum_{n \in N_{\tilde{T}}} P_n R_n \geqslant \mu, \qquad 式（3.27）$$

式（3.27）表示在整个投资期内，投资组合的期望收益率不低于必要收益率 μ，反映了投资者对于投资组合收益性的要求。

（2）配置前后各国债投资数量的动态平衡方程。

A. 根决策点：

$$w_i^0 = b_i + u_i^0 - v_i^0, \quad i \in I, \qquad 式（3.28）$$

B. 后续决策节点：

$$w_i^n = w_i^{n^p} + u_i^n - v_i^n, \quad i \in I, \quad n \in N \backslash \{0 \cup N_{\tilde{T}}\}, \qquad 式（3.29）$$

式（3.29）表示除了根决策点和叶子节点外的其他任一决策节点 n 处，某债券调整后的存量等于调整前的存量加上该债券的净买入量。式（3.28）是式（3.29）的初始平衡方程，表示某债券在初始节点处调整后的存量等于该债券的初始禀赋加上该债券的净买入量。

（3）配置前后国债投资组合价值的动态平衡方程。

A. 根决策点：

$$z_0^+ + \sum_{i \in I} P_i^0 (1 + \vartheta_i^u) u_i^0 = c_0 + \sum_{i \in I} P_i^0 (1 - \vartheta_i^v) v_i^0, \qquad 式（3.30）$$

B. 后续决策节点：

$$z_n^- + \sum_{i \in I} P_i^n (1 - \vartheta_i^v) v_i^n + \sum_{t \in T_i^t} c_i^t \delta \left(\beta^{n^p}, \tau_i^t \right) e^{y(\beta^{n^p}, T)T} w_i^{n^p} + z_{n^p}^+ e^{[y(\beta^{n^p}, T) - \vartheta_c^l]T}$$

$$= z_n^+ + \sum_{i \in I} P_i^n (1 + \vartheta_i^u) u_i^n + z_{n^p}^- e^{[y(\beta^{n^p}, T) + \vartheta_c^b]T}, \quad i \in I, \quad n \in N \backslash \{0 \cup N_{\tilde{T}}\},$$

$$式（3.31）$$

式（3.31）表示除了根决策点和叶子节点外的其他任一决策节点 n 处，用于债券投资的资金来源，包括借入资金量、卖出债券的净收入、上一决策节点末所持有债券的息票收入（包括债券息票投资收益）和上一决策节点贷出资金的利息收入）等于资金调整后的去向（包括购买债券的净支出，贷出资金量和上一决策节点借入资金的利息支出）。式（3.30）是式（3.31）的初始平衡方程，区别在于初始阶段没有息票收入和贷出\借入资金的利息收入\支出，同时初始阶段不允许借入资金。

（4）现金持有比例约束条件。

$$l^z \leqslant \frac{z_n^+ - z_n^-}{V_n} \leqslant u^z, \qquad 式（3.32）$$

$$l^i \leqslant \frac{P_i^n w_i^{n^p}}{V_n} \leqslant u^i, \qquad 式（3.33）$$

式（3.32）和式（3.33）分别规定了现金和各资产持有比例。本书谨慎采用"130/30"策略，即 $l^z = -30\%$，$u^i = 130\%$。与传统仅持有现金长头寸策略相比，长—短头寸策略拓展了 alpha 投资机会，可参见格雷诺尔德和康（Grinold and Kahn，2000）、约翰逊、埃里克森和斯瑞摩西（Johnson，Ericson and Srimurthy，2007）等。

（5）卖空限制条件。

$$0 \leq v_i^0 \leq b_i, \quad i \in I, \qquad \qquad 式（3.34）$$

$$0 \leq v_i^n \leq w_i^{np}, \quad i \in I, \quad n \in N \backslash \{0 \cup N_{\tilde{T}}\}, \qquad 式（3.35）$$

式（3.34）和式（3.35）表示国债不允许卖空，即在任一节点处，某债券的出售量不能超过该债券的持有量。

（6）变量符号约定。

$$u_i^n \geq 0, \quad w_i^n \geq 0, \quad i \in I, \quad n \in N \backslash \{0 \cup N_{\tilde{T}}\}, \qquad 式（3.36）$$

$$z_0^+ \geq 0, \quad z_n^+ \geq 0, \quad z_n^- \geq 0, \quad n \in N \backslash \{0 \cup N_{\tilde{T}}\}, \qquad 式（3.37）$$

式（3.36）表示债券的存量和买入量均不为负；式（3.37）表示借贷资金量均不为负。

（7）债券投资组合收益、损失与超额损失的度量。

$$R_n = \frac{V_n}{V_0} - 1, \quad n \in N_{\tilde{T}}, \qquad \qquad 式（3.38）$$

其中，

$$V_0 = c_0 + P_i^0 b_i, \qquad \qquad 式（3.39）$$

$$V_n = (z_n^+ - z_n^-) + \sum_{i \in I} P_i^n w_i^{np} + \sum_{t \in T_c^t} c_i^t \delta(\beta^{np}, \tau_i^t) e^{y(\beta^{np}, T) T} w_i^{np}, \quad n \in N \backslash \{0\},$$

$$式（3.40）$$

$$L_n = -R_n, \quad n \in N_{\tilde{T}}, \qquad \qquad 式（3.41）$$

$$\psi_n^+ = \max[L_n - \varphi, 0], \qquad \qquad 式（3.42）$$

$$\psi_n^+ = L_n - \varphi + \psi_n^-. \qquad \qquad 式（3.43）$$

3.3.3 利率风险情景树的生成

在建立动态随机规划模型时，关键的一步是如何刻画金融市场未来不确定性，在本书中是未来利率的不确定性及基于此产生的各国国债资产收益率的不确定性。

3.3.3.1 离散情景树说明

本节建模所需要的情景树如图 3－9 所示。将所考察的投资区间平均分为 $\tilde{t} = 0$, T, 2T…, $\tilde{T} = LT$，方框"□"代表决策点，在每一个决策点均有一个完整的利率期限结构和投资集中不同国债的收益率情景，其中完整的利率期限结构由 DNS 模型刻画，不同国债收益率情景基于该利率期限结构产生。在每一个决策点投资者都可以调整资产结构。

实心圆点"●"代表债券派息的时点。$\tilde{t}_0 = 0$ 代表决策的时间起点，所有资产的价格水平是确定已知的，$\tilde{t}_L = LT$ 代表决策的时间终点。从 $\tilde{t}_1 = T$ 到 $\tilde{t}_L = LT$ 的各个决策时点中的每一个节点 $n \in N, N_t \subset N$，$t = T, 2T, \cdots$，$\tilde{T}$ 均表示在未来时刻 t 所有债券价格水平的一种可能的情况。

从 $\tilde{t}_1 = T$ 到 $\tilde{t}_L = LT$ 的各个时间点各自任取一个节点连接起来便形成一个分支，反映了未来不确定演进的一条可能的路径，如图 3 - 9 中黑色粗线所示。

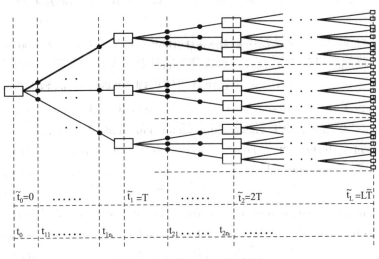

图 3 - 9　离散情景树示意图

3.3.3.2　动态尼尔森—西格尔模型

本书刻画未来利率风险的关键问题在于如何描述利率期限结构的随时间动态演化过程。传统的动态期限结构模型主要分为两类：第一类称为基于现代金融理论的无套利模型，以赫和李（Ho and Lee，1986）、Hull and White（赫尔和怀特，1990）、希思、贾罗和莫顿（Heath，Jarrow and Merton，1992）等为代表；第二类采用经济均衡分析方法，以状态变量和瞬时利率形成期限结构均衡模型，其扩展形式有诸如沃希切克（Vasicek，1977）、考克斯英格索尔和罗斯（Cox，Ingersoll and Ross，1985，CIR）、朗斯塔夫和施瓦兹（Longstaff and Schwartz，1992）、达菲和坎（Duffie and Kan，1996）、戴和辛格尔顿（Dai and Singleton，2000）等。这些期限结构模型能够拟合历史收益率，进而为现有市场债券定价。但该模型在覆盖利率的非线性不确定性和实施积极动态的投资管理等方面的效果和应用范围受到较大限制。具体来说，无套利模型旨在拟合某一特定时点上的期限结构，确保市场上不存在套利机会，不能用于动态预测。经济均衡模型虽具有动态预测能力，但其样本外预测效果较差（Duffee，2002），且可能存在过度参数化的问题，理论上不具备稳健的经济学解释意义（Kim and Orphanides，2005）。

关于上述两类模型在中国利率期限结构方面的应用。洪永森和林海（2006）、余文龙和王安兴（2009）对市场利率进行了动态拟合，但没有涉及债券定价；范龙振（2007）等分别采用两因子沃希切克（Vasicek）模型、两因子CIR模型、三因子广义高斯仿射模型对上交所利率期限结构进行了详细研究；周荣喜和王晓光（2011）构建了具有平方根扩散特征的三因子仿射利率期限结构模型，利用蒙特卡罗模拟预测中国国债收益率。

作为突破性进展，索托（Soto，2004）以长期利率、长短期利率差和曲率因素作为拟合收益率曲线的基本变量，提出收益率曲线拟合的三因素方法。随后，迪博尔德和李（and Lee，2006）在尼尔森和西格尔（Nelson and Siegel，1987）静态模型的基础上，对"水平"、"斜率"和"曲率"状态因子的动态演化过程进行建模并提出动态尼尔森—西格尔（DNS）模型。该模型在历史曲线的拟合精度和预测能力方面表现较为突出，迪博尔德和李（2006）的经验研究发现这三个因素能够解释美国国债收益率曲线96%以上的变动。迪博尔德、鲁德布施和阿鲁奥巴（Diebold，Rudebusch and Aruoba，2006）在该模型的基础上，利用上述三个因素的状态空间，证实了利率期限结构与宏观经济变量之间的相互关系。继而，克里斯滕森、迪博尔德和鲁德布施（Christensen，Diebold and Rudebusch，2009，2011）证明了加入市场无套利条件后，DNS模型的扩展形式与传统均衡模型的一致性，从而夯实了该模型的理论基础。在中国国债收益率曲线变动的决定因素方面，唐革榕和朱峰（2003）、王志强和康书隆（2010）的研究表明，水平因素、斜率因素和曲率因素基本上能够刻画国债收益率曲线变动的动力机制，其解释能力达到99%。这些结果佐证了DNS模型的三个参数在中国市场上具有明确的经济含义，基本能够反映影响国债收益率曲线变化的风险因素，是刻画中国市场利率曲线及其变动特征的恰当工具。

基于上述讨论，本书采用 DNS 模型来刻画利率期限结构，并在此基础上生成不同期限国债的收益率情景，表述如下：

$$y(\lambda_t,\ \beta_t,\ m) = \beta_{1,t} + \beta_{2,t}\left(\frac{1-e^{-\lambda m}}{\lambda m}\right) + \beta_{3,t}\left(\frac{1-e^{-\lambda m}}{\lambda m} - e^{-\lambda m}\right),$$

式（3.44）

其中，$\beta_{1,t}$、$\beta_{2,t}$、$\beta_{3,t}$ 分别为水平因子、斜率因子和曲率因子，主要影响长期利率、短期利率和中期利率。其系数称为因子载荷。对于任何期限 m，状态因子 $\beta_{1,t}$ 的载荷都等于 1，表示 $\beta_{1,t}$ 的变化将导致整个利率期限结构的平行位移；状态因子 $\beta_{2,t}$ 的载荷 $\frac{1-e^{-\lambda m}}{\lambda m}$ 随期限 m 的增加从 1 单调递减至 0；状态因子 $\beta_{3,t}$ 的载荷 $\frac{1-e^{-\lambda m}}{\lambda m} - e^{-\lambda m}$ 随期限 m 的增加先从 0 单调增至最高点再单调减至 0。

DNS 模型综合了法玛和布里斯（Fama and Bliss，1987）提出的通过剥离远期利率来估计即期利率的方法（简称法玛—布里斯方法）与尼尔森和西格尔（Nelson and Siegel，1987）模型，将 λ_t 视为固定值先确定下来[1]，再在截面数据上用最小二乘法估计其他三个参数，降低整体待估参数的复杂性，仅损失了很小一部分拟合优度便提高其他参数的稳定性和估计精度。DNS 模型与之前提出的传统模型相比具备以下优点：

第一，单因子、多因子仿射模型的状态变量常为不可观察的瞬时利率或者是潜在因子，而 DNS 模型对因素载荷附加了一个结构限制，状态变量分别表现为期限结构的水平、斜率和曲率因素；并进一步解释为长期、短期和中期因素，能够生成斜向上、斜向下、水平以及先上后下、先下后上等多种典型单峰形态，结构简洁且经济含义明确。同时，能够避免直接对主成分回归所产生的诸如不能保证获得平滑的收益率曲线和正的远期利率等问题。

第二，DNS 模型继承了法玛—布里斯方法样本外预测能力较强的优势，采用线性最小二乘法估计参数，从而避免了采用非线性优化方法直接拟合的困难，且估计的有效性比较强。同时，DNS 模型获得的即期收益率曲线是平滑曲线，它能够有效地降低个别债券定价不合理对利率期限结构

---

　　① 曲率因子载荷达到最大值时的期限 m 称为曲率因子影响期限，它决定 λ 的取值，即 λ_t 的固定值 λ 使得曲率因子载荷在某一固定期限 m 下达到最大值。

的影响。考虑到中国国债市场中部分国债的流动性不足，这一优点对中国国债利率期限结构的估计尤为重要。

第三，DNS 模型中即期利率恰好是三个状态因子的线性仿射形式，与仿射类均衡模型完全相似（Duffie and Kan, 1996; Dai and Singleton, 2000），因此 DNS 模型具有向无套利均衡模型推广的潜力。克里斯滕森、迪博尔德和鲁德布施（Christensen, Diebold and Rudebusch, 2009, 2011）通过对标准仿射模型参数加以适当限制得到无套利条件下的 DNS 模型，与传统均衡模型只相差一个常数项，具有理论一致性。

第四，尽管 DNS 模型与其他多峰静态模型相比，如斯文松（Svensson, 1995）和周子康、王宁和杨衡（2008），形式灵活性略有不足，不能反映现实中利率曲线可能存在的多峰现象。但是具体到中国市场，国债期限结构的多峰形态相对少见，市场不成熟时出现的少数利率曲线多峰可能只是市场流动性不足所致的市场异常现象，均衡收益曲线并不一定呈现多峰。这种情况下多峰静态模型的拟合度过高，反而可能提高追踪误差，预测结果不稳健。比较而言，DNS 模型的样本外预测效果更好。此外，多峰静态模型也无法推广到动态情形（Christensen, Diebold and Rudebusch, 2011）。因此相对于其他多峰模型，DNS 模型仍是本书研究优先采用的模型。

综上所述，本书假设三因素 DNS 利率模型可以描述市场利率，因此，关于国债收益率的情景生成的问题可以转化为这三个因素的情景生成问题。

3.3.3.3 各国债收益率情景生成步骤

各国债收益率情景生成具体步骤如下：

（1）估计样本内 DNS 模型参数和状态变量拟合值；

（2）生成刻画利率期限结构的 DNS 模型三因素情景，根据所需情景数设定模拟次数；

（3）基于已生成的三因素情景和 DNS 模型设定，预测即期利率期限结构：

$$y(\lambda_t, \hat{\beta}_{t+N\cdot\Delta}, m) = \hat{\beta}_{1,t+N\cdot\Delta} + \hat{\beta}_{2,t+N\cdot\Delta}\left(\frac{1-e^{-\lambda m}}{\lambda m}\right)$$
$$+ \hat{\beta}_{3,t+N\cdot\Delta}\left(\frac{1-e^{-\lambda m}}{\lambda m} - e^{-\lambda m}\right); \qquad 式 (3.45)$$

（4）利率期限结构一旦设定，可以求出零息债券价格及其收益率。

而付息债券可以视为一系列到期时间不同的零息债券的线性组合，其价格和收益率可以表示为相应的零息债券的线性组合。具体计算过程如下：令 $P^s(t, m)$ 为 t 时刻在情景 s 下到期期限为 m 年票面价值为 FV 的零息债券市场价格，则 $P^s(t, m) = FV \cdot e^{-my(\lambda, \beta_t^s, m)}$，则在 Δt 时间间隔内持有期收益率为：

$$R^s(t + \Delta t, m) = \frac{P^s(t + \Delta t, m - \Delta t) - P^s(t, m)}{P^s(t, m)}$$

$$= \frac{e^{my(\lambda, \beta_t^s, m)} - e^{(m - \Delta t)y(\lambda, \beta_{t+\Delta t}^s, m - \Delta t)}}{e^{(m - \Delta t)y(\lambda, \beta_{t+\Delta t}^s, m - \Delta t)}} \text{。} \qquad 式（3.46）$$

3.3.4　策略应用

下面从中国投资者角度出发，将多阶段随机规划模型应用于银行间市场付息国债的动态配置与积极管理，展开实证分析，进而说明该模型的应用潜力。

3.3.4.1　市场和数据描述

进入 21 世纪，我国持有的美国国债数量迅速上升，到 2008 年 9 月末已超过日本，成为美国最大的债权国。截至 2012 年 6 月 30 日，依据美国财政部最新发布的数据，我国持有美债数量达到了 11643 亿美元。我国外汇储备与持有的美债数量高度相关，这意味着我国新增的外汇储备大部分用来增持美国国债，尽管近两年持有的美债数量占外汇比例逐渐下降，但该比例依旧高达 35.94%。因此，本节实证选取流动性强的美国国债为研究对象。

如图 3-10 所示，从美国国债的发行结构来看，2008 年以后，一年期以下的短期国债每年发行量达 6 万亿美元，平均每个月发行 5000 亿美元，年化利率在 0.6% 以下，中长期债券的发行余额为 2 万亿美元，平均每个月约发行 2000 亿美元，利率则介于 0.6% ~ 4.6% 不等。拆解 2000 年迄今美国所发行的中长期国债结构，意外发现 10 年与 10 年以上的长期国债的比例仅为 20.8%，主要品种是 2 ~ 7 年的中期国债，比重达 79.2%。该比例近 10 年并无太大变化，因此，可推估美国在 20 世纪 80 年代所发行的具有 10% 以上高利率的长期国债余额已经不到几百亿元的规模，对整体偿债金额影响很小，而 10 年以上的长期国债，总规模不过 6000 亿美元左右。因此，本节的研究集中 10 年以下的中期国债，对于 1 年以内的也仅取了 0.5 年的短期债券。

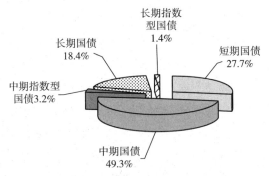

图 3 - 10 美国流通性国债发行结构

资料来源：彭博数据终端 www.bloomberg.com。

为取得固定期限利率，我们先用静态拟合方法拟合即期利率期限结构①。本书采用 2002 年 1 月 ~ 2011 年 6 月的国债价格的日度数据进行实证，样本债券数据来源于美国财政部。出于流动性等因素对债券定价影响的考虑，我们剔除了剩余期限不足一年的国债和浮动利率国债，并进一步剔除了收益率小于 0 或者大于 1 的收益数据异常的国债。固定期限在 0.5 ~ 10 年之间，每隔半年取一个期限共 20 个期限。

3.3.4.2 情景生成

首先采用迪博尔德和李（Diebold and Li, 2006）的方法估计状态因子和参数。DNS 模型中衰减速度 λ 主要受曲率因子影响最大，而曲率因子对中期债券作用最大。鉴于债券市场最常见的是剩余期限为 2 ~ 7 年的中期

---

① 法玛和布里斯（Fama and Bliss, 1987）是国际通用的通过债券价格剥离利率期限结构曲线数据的方法，优点在于拟合效果良好，利率期限结构曲线连续光滑，各国学者以此方法得到的利率期限结构作为研究基础。但是，其问题在于异常值的出现会导致整个利率曲线的异常，且由于债券种类复杂繁多，估计目标函数过于复杂，从而导致收益率曲线的失真。静态拟合一般可选 Svensson（斯文松，1995）方法，或者采用中央国债登记结算公司的 Hermite 插值方法估计国债期限结构，样本内拟合度较高，误差较小（朱世武和陈建恒，2003）。本书采用 Svensson（斯文松，1995）方法。

债券，因此，我们先选取曲率因子影响期限为 3.5 年期，此时 λ = 0.5124[①]。再对每个月度时点上的即期利率截面日度数据使用最小二乘估计，其系数就是 DNS 模型中三个状态因子的参数估计值。

参考余文龙和王安兴（2010）的做法，我们用即期利率平均值 $\frac{1}{20}\sum_{m=0.5}^{10}y(\lambda，\beta_t，m)$ 表示实际利率水平，用最短期和最长期即期利率之差 $y(\lambda，\beta_t，0.5)-y(\lambda，\beta_t，10)$ 表示实际斜率，用 $\frac{2y(\lambda，\beta_t，3.5)-y(\lambda，\beta_t，0.5)-y(\lambda，\beta_t，10)}{y(\lambda，\beta_t，5)}$ 表示实际曲率。将实际水平、斜率、曲率与所得到的 DNS 模型中三个状态因子的参数估计值进行比较，结果发现，DNS 模型得出的水平、斜率和曲率状态因子与利率期限结构实际的水平、斜率、曲率非常一致，其相关系数均在 0.8 以上。

对于 DNS 模型的三个状态因子 $\beta_t=(\beta_{1,t}，\beta_{2,t}，\beta_{3,t})$，自相关系数均为拖尾，偏自相关系数均为一阶截尾。AR(1) 参数表明水平、斜率和曲率因子均具有很高的持续性，VAR(1) 参数表明水平因子和曲率因子存在较为显著的相互作用关系。因此，基于 VAR(1) 模型预测三个状态因子未来可能值，再根据 DNS 模型设定即可得到对利率期限结构的预测。文献中还常采用其他的动态预测方法，可作为参照，如随机游走模型、主成分预测模型、法玛和布里斯（Fama and Bliss，1987）提出的远期利率模型和坎贝尔和席勒（Campbell and Shiller，1991）提出的斜率预测模型等。比较研究的结果发现，预测期限较短时，VAR(1) - DNS 模型并不比其他模型具有优势，但是随着预测期限的增加，VAR(1) - DNS 模型的预测优势逐步扩大，各项指标（如预测误差均值、标准差、均方根误差和平均绝对离差）显著超出了其他模型，更适合本节做长期投资规划问题所需要的长期利率预测。

完成上述两步后，本节采用回溯模拟的方法，即将历史数据（2002 年 1 月~2011 年 6 月）分为两段，以前段数据（2002 年 1 月~2009 年 6 月）为回归样本，通过拟合利率期限结构和建立用于利率预测的 VAR(1) - DNS 模型生成后段情景（2009 年 7 月~2011 年 6 月），具体过程说明如下。笔者

---

① 在实证中，我们对其他 λ 经验值进行了敏感性分析。结果表明，中国银行间债券市场曲率影响期限选取 3.5 年是相对合适的。尽管不同 λ 对于状态因子有一定影响，但样本内拟合差异都比较小，在合适范围内的 λ 并不影响模型的主要结论，因此可以允许小幅度的 λ 估计偏差。同时，我们也采用状态空间模型中的卡尔曼滤波方法对 λ 的最优值进行估计，结果相近。

采用银行间债券市场数据，选用 2009 年 7 月 ~2011 年 6 月共 24 个月作为样本外预测期间，选定 2002 年 1 月 ~2009 年 6 月作为首次预测的样本内期间。预测时，采用逐次向后迭代的方法：如果预测步长为 1 个月，则第 1 个月（即 2009 年 7 月）采用 2002 年 1 月 ~2009 年 6 月的数据信息，而预测 2009 年 8 月时，则利用 2009 年 7 月之前所有信息；如果预测步长大于 1 个月，比如 3 个月，则 2009 年 7 月采用 2009 年 4 月之前的数据信息，2009 年 8 月采用 2009 年 5 月之前的数据信息，依此类推。

3.3.4.3 投资子集选择

根据国债发行统计，投资者在每个决策时点都面临大量的可购买的国债，投资者可以购买已发行一段时间的国债，也可以在投资阶段后期购买新发行的国债。

尽管市场上不同期限的国债收益率具有联动关系，但是 DNS 模型中三个状态因子对不同期限的国债收益率变动的作用不同。其中，水平因素对不同期限收益率变动均有重要的影响，其影响幅度与到期期限之间的相关程度不明显；倾斜因素的影响力主要作用在 1 年期以下各种短期收益率走势变化上，对 2 ~3 年期的收益率变动基本上不构成影响；曲率因素则与倾斜因素的作用点恰好相反，其对 3 ~4 年期收益率变动的作用非常明显。此外，不同期限的国债流动性风险不同。因此，资产池中国债数量不能太少。如余文龙和王安兴（2010）研究国债管理策略时选取了银行间国债市场上常见的 8 只债券，王志强和康书隆（2010）在讨论国债管理策略时选取了除剩余期限不足一年的国债和浮动利率国债、以及收益率小于 0 或大于 1 的收益数据异常的国债以外的在上海证券交易所上市交易的全部国债。

但是，如果将投资期内某一时间期限内交易所市场上存在的所有国债都纳入资产集中，将导致巨额的计算量和时间成本。况且，没有必要将市场上所有存在的国债纳入投资集。

因此在实际应用中，通过启发式算法将可行国债集合缩小到有效合理范围内。图 3 – 11 以四阶段随机规划模型为例说明了一个可行国债投资集。

基于以上讨论，我们选择样本期内符合上述现金流要求且流动性较高、期限结构分布均匀、具有典型市场代表性的 24 只债券作为一个可行的投资子集，如表 3 – 5 所示。

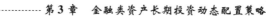

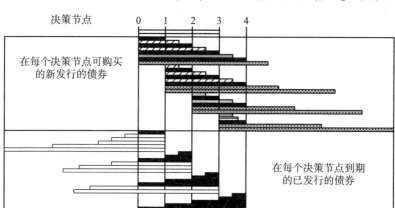

图 3 – 11　可行的国债投资集说明

表 3 – 5　　　　　　　　　一个可行的投资集（24 个债券样本）

债券代码	到期期限 （年）	起息日 （年 – 月 – 日）	到期日 （年 – 月 – 日）	票面利率 （%）
00902y0807	2	2007 – 08 – 20	2009 – 08 – 19	0.031
01303y1106	3	2006 – 11 – 20	2009 – 11 – 19	0.035
01703y1107	3	2007 – 11 – 20	2010 – 11 – 19	0.033
01905y1105	5	2005 – 11 – 20	2010 – 11 – 19	0.049
02510y0503	10	2003 – 05 – 22	2013 – 05 – 19	0.062
02910y0505	10	2005 – 05 – 21	2015 – 05 – 19	0.056
04002y1107	2	2007 – 11 – 20	2009 – 11 – 19	0.026
04402y1108	2	2008 – 11 – 19	2010 – 11 – 19	—
04503y0507	3	2007 – 05 – 21	2010 – 05 – 20	0.041
04703y1107	3	2007 – 11 – 20	2010 – 11 – 19	0.033
04803y0208	3	2008 – 02 – 19	2011 – 02 – 18	—
05305y1106	5	2006 – 11 – 20	2011 – 11 – 19	0.039
05705y1108	5	2008 – 11 – 19	2013 – 11 – 18	—
05910y0504	10	2004 – 05 – 21	2014 – 05 – 19	0.055
06610y1107	10	2007 – 11 – 20	2017 – 11 – 17	0.037
06810y1108	10	2008 – 11 – 19	2018 – 11 – 17	—

债券代码	到期期限 （年）	起息日 （年－月－日）	到期日 （年－月－日）	票面利率 （%）
0706m1110	0.5	2010－11－19	2011－05－20	—
07301y1110	1	2010－11－19	2011－11－19	—
07602y0510	2	2010－05－20	2012－05－19	—
08003y0809	3	2009－08－19	2012－08－18	—
08905y1109	5	2009－11－19	2014－11－18	—
09105y1110	5	2010－11－19	2015－11－18	—
09210y1105	10	2005－11－20	2015－11－18	—
10210y1110	10	2010－11－19	2020－11－16	—

3.3.4.4 后验评价

为了更好地对基于多阶段随机规划模型的国债管理策略效果进行分析，本书采用后验动态检验方法。投资规划期从 2009 年 7 月~2011 年 7 月，投资者按月实现动态调整。其他参数设置如下：预期收益率分别为 0.1%，CVaR 的置信度为 95%，定义 CVaR 时的辅助变量 φ 为 1.00%，买入、卖出债券 γ 的交易费用率 0.55%，由交易成本引起的贷出、借入现金利率价差分别为 1.00% 和 1.50%。目前文献中通常采用的久期—凸度免疫法、DNS 向量久期免疫法[①]和改进的 DNS 向量久期免疫法[②]可作为比较参照。

（1）风险比较。对于四种不同的国债管理方法，基于多阶段随机规划模型的国债组合 CVaR 值在整个投资期限（24 个决策期间）内持续较低且表现非常稳定（仅在 1~2 个决策期间内高于传统久期凸度模型和改进的 DNS 向量久期免疫）。

表 3-6 结果说明基于多阶段随机规划模型动态积极管理的国债组合 CVaR 的最小值、最大值和平均值均小于其他三种策略，表明其规避利率风险能力最强，其均值较 DNS 向量久期免疫和改进的 DNS 向量久期免疫低 55.77% 和 47.13%，具有更为显著的优势。

---

① 参见余文龙和王安兴（2010）。
② 参见王志强和康书隆（2010）模型（6）。

表 3 – 6　　　　　　　基于不同国债管理方法的债券组合 CVaR 值比较

债券组合 CVaR 值					
传统久期—凸度免疫			DNS 向量久期免疫		
最小值	最大值	平均值	最小值	最大值	平均值
0.0092	0.0486	0.0297	0.0085	0.0474	0.0208
改进的 DNS 向量久期免疫			多阶段随机规划模型		
最小值	最大值	平均值	最小值	最大值	平均值
0.0041	0.0218	0.0174	0.0021	0.0134	0.0092

从评价中可以看出，尽管 DNS 向量久期免疫比其他久期配比策略确实能降低利率风险，但是同其他久期配比策略一样，DNS 向量久期免疫仍然仅适用于利率变动幅度较小的情形，没有把收益率曲线未来动态变化信息考虑进来。因此在债券投资期内发生的收益率曲线多次变化会降低 DNS 向量久期策略的免疫效果。即使改进的 DNS 向量久期免疫引入了利率预测信息，但这种优势有赖于对利率未来走势的有效预测，而其样本外有效预测能力显著低于多阶段情景树。

（2）累积财富比较。本节动态比较了 1 单位国债资产组合在投资期限间基于不同国债管理方法实现的财富累积收益。结果表明，基于多阶段随机规划模型动态积极管理的国债组合财富累积趋势显著大于其他三种策略实现的财富累积收益，且财富累积受利率风险影响更小，增长更为平稳，盈利空间更大。

表 3 – 7 给出了基于不同国债管理方法的债券组合收益率的主要统计指标（包括几何均值、标准差、夏普率和 UP_Ratio），结果表明基于多阶段随机规划模型动态积极管理的国债组合实现收益的各项统计指标显优于其他三种策略。夏普率和 UP_ratio 分别较改进的 DNS 向量久期免疫提高 1.0444 和 1.2471 倍，所实现收益率均值也相当可观。这一结果佐证了未来利率变动不确定及相应国债收益的随机波动对国债投资策略的不可忽视的影响，证实了基于情景树对利率变动不确定及相应的国债收益随机波动进行刻画的必要性和有效性。

实证研究表明，在利率期限结构呈现非线性平移的复杂情形下，与传统久期配比免疫模型相比，多阶段随机规划模型所确定的国债组合动态调整策略具备更强且更为稳定的利率风险规避能力，同时累积收益增长更为平稳，盈利空间得到有效提升。该方法将国债投资所涉及的债券定价、组合投资、利率风险管理和货币政策适应性等方面要求纳入到统一的动态模型中，具有可操作性和推广价值。

表 3 - 7　　　　　　　基于不同国债管理方法的债券组合收益率统计指标比较

	传统久期—凸度免疫	DNS 向量久期免疫	改进的 DNS 向量久期免疫	多阶段随机规划模型
均值	0.00047	0.00113	0.00257	0.00719
标准差	0.00193	0.00280	0.00434	0.00837
夏普率	− 0.27461	0.04643	0.36175	0.73955
UP_ratio	0.37117	0.76612	1.29712	2.91477

3.4　本　章　小　结

国际资产战略性配置的一个基本属性在于实现风险可控的长期稳健的收益目标。为此，本章建立了一个具有一般意义的多阶段随机规划模型，在国际市场上进行金融类资产长期动态配置。模型采用离散情景树刻画各资产投资收益率与币种间汇率变动的不确定性，将投资者对于国际投资战略性、安全性、流动性、收益性的要求统一纳入动态模型中，针对权益类资产和主权债券类资产分别得到了各资产的动态配置比例，获得了操作性强的动态配置策略。实证结果表明：基于多阶段随机规划模型的国际资产配置能够实现风险与收益的有效匹配，该模型确定的最优策略不仅能够为投资组合提供更强的抵御风险能力，而且能够稳步提升其收益空间，为金融机构实现长期目标下国际资产投资的主动管理提供决策支持。

第 4 章

金融类资产长期投资风险管理策略

前一章就基于随机规划模型的多币种、多资产国际资产长期投资的动态调整策略进行了深入讨论，但未涉及风险规避问题。本章就传统金融类资产国际化长期投资中所面临的市场风险和汇率风险管理策略进行细致讨论。

4.1 国际投资汇率风险的综合套保策略研究

国际组合投资涉及多币种汇率风险，分别使用双边货币期货进行套保要承担较高套保成本。参考美元指数衍生产品的实践，本节提出基于人民币指数期货的综合套保策略。

4.1.1 问题提出

2008 年金融危机之后，中国海外投资进入一个大发展时期。一方面，主权财富基金、保险基金等在传统的政府债券之外，向权益类、公司债券类证券拓展，形成品种多元化和币种多元化的发展格局；另一方面，中资企业以迅猛增长的态势开展海外直接投资，涉及资源、企业和无形资产。同时随着世界经济一体化的深入及中国经济的崛起，人民币对国际资本的吸引力不断增强，人民币作为跨境贸易中的结算货币和投资货币已经取得实质性进展。国际金融市场对此做出了反应，新加坡、东京和中国香港迅即建立人民币无本金交割（NDF）市场；2010 年之后香港已经形成人民币离岸可交割市场，面对伦敦发展人民币离岸市场的战略安排，香港已经宣布在 2012 年内推出人民币外汇期货。芝加哥商品交易所早在 2006 年就推出人民币兑美元、欧元和日元期货及期货期权产品，积极抢占人民币衍生品市场。因此，大力发展人民币衍生品以满足国际贸易和海外投资中防范汇率风险的需要，为包括主权财富基金和 QDII 在内的市场主体提供避险工具和争取人民币衍生品定价权已成当务之急。

然而在此背景下，对比境外离岸市场日渐活跃的人民币衍生品交易，境内市场的发展却相对滞后。银行间市场产品结构相对简单，场内交易空缺。目前，迅速发展的中国主权财富基金、保险基金等机构的海外证券投资和中资企业的海外直接投资都要求一个具有适度流动性的系统性外汇衍生品交易平台来满足对于汇率风险规避的巨大需求。从美元外汇产品的发展历程来看，中国不仅需要传统的人民币外汇衍生产品，而且需要货币指数类产品。首先，正如其他金融市场一样，在基础市场发展到一定阶段时会产生相应的指数产品。指数产品作为综合因素的代表，具有风险分散、交易成本低、综合性强、流动性好等特点，在价格发现和套期保值上具有其他产品无可比拟的优势。沙普（Schap，1991）详细阐述并论证了多种市场的指数产品进行对冲的优越性；克鲁尔和瑞（Krull and Rai，1992）研究表明美元指数期货对一揽子货币的组合能起到对冲作用。其次，在以人民币为中心的外汇及其衍生品市场中，一个普遍适用的综合指数工具可以成为有效的基准信息，有助于正确引导公众的汇率预期，推动人民币指数期权、期货和期货期权等新型衍生品的发展，进一步丰富人民币指数投资的内涵与深度。因此，尽管基于人民币指数的衍生产品投资是简单和被动的策略，但其成效确实是突出的。

事实上，美元指数期货自 1985 年 11 月推出以来逐渐被市场所认同，在 1999 年美元指数期货的日平均交易量仅为 1435 手，但是到了 2012 年日平均交易量就达到 27581 手，期间 3 月 14 日达到最高值 82689 手[①]。目前的美元指数期货交易量是其他单一货币对期货交易量的上百倍。金融危机之后，美元指数期货的交易量更是在弱市环境中迅速攀升，表现出市场对于货币指数产品的巨大需求。

美元指数期货价值也被理论界和实务界广泛研究，代表性文献有哈帕斯、克鲁尔和俄冈（Harpaz，Krull and Yagil，1990）、克鲁尔和瑞（Krull and Rai，1992）、巴尔加瓦和克拉克（Bhargava and Clark，2003）等，此

---

① 美元指数期货在 1985 年 11 月 20 日由当时的纽约棉花交易所（NYCE）专门成立的金融产品交易所（Financial Instruments Exchange，FINEX）正式推出交易。1998 年 NYCE 和咖啡、糖、可可交易所（CSCE）合并为纽约期货交易所（New York Board of Trade，NYBOT）。

不赘述。其中有两篇具有思想启发性的论文。施内魏斯、卡拉沃什和格奥尔基耶夫（Schneeweis，Karavas and Georgiev，2002）使用 1991 年 1 月 ~ 2002 年 4 月的日度数据研究了美元指数作为投资和套期保值工具的价值，阐述了以美元指数作为资产组合的一部分进行投资和风险管理的优势。继 2002 年 4 月后，大部分货币包括欧元、日元和英镑相对美元升值，美元指数投资收益降低。在此背景下，施内魏斯、古普塔和马斯特夫库洛尔夫（Schneeweis，Gupta and Mustafokulov，2006）使用 1995 年 7 月 ~2005 年 6 月的日度数据重新对美元指数期货价值进行研究。实证结果表明，尽管收益率有所降低，但美元指数期货与单个货币对相比，在同等收益程度下仍表现出相对较小的风险，对于广泛分散的国际资产组合而言，美元指数期货仍具有良好的投资、套保和投机价值。同时，实证结果显示美元指数期货水平值对发达股票市场成交量及发达国家国际贸易额有较强解释力。这些研究大大丰富了我们对美元指数期货价值的认识，促使我们对人民币指数期货价值进行研究。

　　2005 年 7 月人民币汇率形成机制改革以来，国内学术机构对人民币指数设计及研究进行了有益的探索，市场对于人民币指数及其衍生产品的预期空前强烈。《第一财经日报》的 CBN 有效汇率研究团队、北京航空航天大学、复旦大学相继提出不同意义的人民币指数或者人民币有效汇率指数[①]，及时准确地反映人民币综合汇率的整体走势，为企业、机构和个人规避汇率风险提供正确向导，对于国家汇率政策的制定以及有效均衡汇率机制的形成起到了促进作用。摩根士丹利、汇丰银行等国外金融机构也陆续推出人民币外汇指数，凸显出人民币国际地位的提升和市场对于人民币指数产品的巨大需求。下一步工作重点就是研究基于人民币指数的各种产品的设计方案，研究如何循序渐进地推出相关指数产品并开展市场培育。考虑到国际金融衍生品市场所采用的"先推出金融期货后推出金融期权"的成功经验，适时推出人民币指数期货交易乃当务之急。基于人民币指数创设指数期货可以涵盖多个主要外汇品种，有利于投资者综合规避和整体转移汇率风险，有助于从事国际贸易和海外投资的企业在多国业务中对冲复杂外汇风险和降低套保成本。更重要的是，作为标准化的场内交易产品，人民币指数期货具有良好的流动性、价格发现和套期保值功能，也便

---

　　① 北航人民币指数按日编制并发布于锐思数据库网站 http：//www.resset.cn/cn/outer/cnyx.jsp；复旦人民币汇率系列指数数据及编制说明公布于 http：//ifsfd.fudan.edu.cn/rmbei/index.html。

于实施监管。

为此，本节针对人民币指数期货投资价值及套保功能进行预先研究。借鉴美元指数期货的发展思路，在北京航空航天大学课题组（以下简称北航课题组）2007 年编制发布的人民币指数基础上，参照纽约期货交易所的美元指数期货合约设计了人民币指数期货合约，将人民币指数期货作为包含股权、债券和外汇在内的国际资产组合的一部分，对其在外汇风险管理和保证收益率中发挥的作用进行了深入研究及仿真检验，为发展新型人民币衍生产品提供理论准备和政策依据，同时为从事国际贸易和投资业务的企业开展外汇风险管理提供决策支持。

本节重点解决以下问题：（1）人民币指数期货能否有效对冲外汇风险，其套保效率与单一货币期货和一篮子货币期货合约相比是否具有优势？（2）在国际分散化投资组合中引入人民币指数期货能否改进风险收益？（3）在市场极端状况下，人民币指数期货能否保持相对中性并仍具有良好投资价值？（4）实行积极交易策略是否有助于改善风险收益状况？

由于人民币指数及衍生产品仍处于研究设计阶段。韩立岩和刘兰芬（2008）结合中国实际情况，首次构造了综合反映市场价格的人民币指数，并详细地论证了其信息价值。韩立岩和王允贵（2009）给出了人民币指数期权和人民币指数期货的估值模型。韩立岩和崔旻抒（2010）参照纽约期货交易所的美元指数期货期权合约设计了人民币指数期货期权合约，并建立了人民币指数期货期权理论定价模型。但是，这些模型多为定价模型的理论探索，对人民币期货功能的研究大部分还停留在价格发现方面，并未对其投资价值和套保功能进行深入研究和实证检验。本节主要借鉴施内魏斯等（Schneeweis et al.，2002，2006）的思路，从投资和套保两方面来探究人民币指数期货功能与价值。

4.1.2 数据描述和研究方法

4.1.2.1 数据描述和预处理

人民币指数 A、B 方案数据来源于锐思数据库：http：//www. resset. cn/cn/outer/cnyx. jsp；国内主要股指数据（上证 180 指数、深成 100 指数、沪深 300 指数）和国内主要债指数据（上证国债指数、上证企债指数、中信标普全债指数、巴克莱资本中国全债指数、新富全债指数）来源于万得资讯金融数据库；人民币指数成分货币汇率及其他主要货币对汇率数据及其期货指数数据来源于 DataStream 数据库；国际股指以 MSCI EAFE、MSCI Euro、MSCI Europe、MSCI Far East、MSCI G7 Index、MSCI World Index 为代表，发达国家股指市场以 MSCI EAFE、MSCI Euro、MSCI Europe、MSCI North America Index 为代表，新兴国家股指市场以 MSCI EM、MSCI EM Asia、MSCI Europe &Mid – East、EM Latin America 为代表，所有股指数据来源于摩根士丹利资本国际（MSCI）：http：//www.msci.com/products/indices/；国际债指由 JP 摩根全球投资级债券指数代表，包括 3 个指数，短期（一年期以下）、中期（一年期至十年期）和长期（十年期以上），数据来源于彭博数据库（Bloomberg）；美元、英镑、港币、日元的无风险收益率由三个月期国库券收益率代表，韩元的无风险收益率由货币市场收益率代表，欧元的无风险收益率由三个月期伦敦银行间拆借利率（LIBOR）代表，人民币无风险收益率用一年期存款利率代表，上述利率数据来源于 http：//www.econstats.com；新台币的无风险收益率用三个月期台北金融业拆款定盘利率（TAIBOR）代表，数据来源于台湾地区银行公会网站 http：//www.ba.org.tw。以上时间序列自 2005 年 7 月 21 日 ~ 2011 年 3 月 21 日，均为日度数据。

由于各市场节假日不同，因此我们仅保留所有市场都开放的日期数据，基于滚动交易策略构建连续的收益率序列。所谓滚动交易策略指同时持有两个交割时间相邻的短期合约，在每个交易日卖出到期时间较早的近期合约，并买进相应数量的新合约，实现对冲保值的向前滚动。在每个交易日，期货合约买入卖出量是线性的：即假设两种期货合约交割时间相距 90 天，那么 1/90 的头寸将被卖出以买入新合约（周五 3/90 的头寸将被卖出以买入新合约）。那么在交易日 t，持有近期合约的比例由距近期合约交割月第一天的天数占两种期货合约到期时间相距天数的比例给出，记为 p_t，持有新合约的比例为 $1 - p_t$。那么在每个交易日结束时，占比为 $p_{t-1} - p_t$ 的期货合约被滚动交易。如果记近期期货合约指数为 A_t，新期货合约指数为 B_t，那么投资者持有的期货合约即期头寸价值为：

$$\text{Spot}_t = p_t \cdot A_t + (1 - p_t) \cdot B_t, \qquad \text{式（4.1）}$$

即期对数收益率由 $\text{Spot}_{return} = \ln\text{Spot}_t - \ln\text{Spot}_{t-1}$ 给出。实现滚动投资的期货合约指数价值为：

$$\text{Roll}_t = (B_t - A_t) \cdot (p_{t-1} - p_t), \qquad \text{式（4.2）}$$

滚动对数收益率由 $\text{Roll}_{return} = \ln\text{Roll}_t - \ln\text{Roll}_{t-1}$ 给出。投资于期货合约的总

收益为即期对数收益率与滚动对数收益率加总。

基于此策略，我们计算出人民币指数、日元、欧元、英镑、美元、加元和瑞士法郎收益率序列，其他货币由于不存在相应的期货合约，收益率由即期货币收益与利率差额之和计算得出。

4.1.2.2　人民币指数及其期货理论定价模型

市场上存在着多个人民币指数，但是只有北航人民币指数是与美元指数同类型的基于市场价格的货币指数，本书所参考的是北航课题组 2007年编制并发布的人民币指数（CNYX）①。之所以选择北航课题组 2007年编制并发布的人民币指数主要有以下考虑：

第一，在基期选择方面，汇率改革后人民币汇率的弹性开始逐渐变大，以 2005 年 7 月 21 日汇率改革为基期有其必要性和合理性；而 CBN 有效汇率以 2005 年第一个交易日为基期，复旦人民币汇率指数分别选择2000 年和 2005 年为基期，缺乏理论根据和政策支持。

第二，在样本货币的确定方面，北航人民币指数根据中国实际情况谨慎选择了七到八种影响力较大的有代表性的货币，能够反映人民币对主要货币的整体走势；CBN 有效汇率简单根据 11 种主要货币构造货币篮，缺乏针对性；复旦人民币指数选取由中国的主要贸易伙伴国和主要竞争对手共 24 个国家或地区的货币构成货币篮，货币种类过多，放大了汇率波动的联动性，依此构建的期货合约过于复杂，在这里并不合适。

第三，在权重推算方面，北航人民币指数以经常项目需要为主体，兼顾资本项目要求，全面地反映了人民币的影响力；其他两种指数仅根据国际清算银行（BIS）发布的中国对主要贸易伙伴的贸易数据计算权重，忽略了直接投资的影响，具有片面性；另外，复旦人民币指数权重结构按月适时更新是否具有合理性仍有待商榷。

我们设定人民币指数期货合约的交割月份为每年的 3 月、6 月、9月和 12 月，期货合约滚动式发行；比如，2006 年 1 月 4 日，距离这天

---

① 该指数以 2005 年 7 月 21 日汇率改革为基期，根据各币种贸易权重和外商直接投资占比确定成分货币的组成及权重，表示为七种主要成分货币对人民币汇率相对于基期变化的几何平均加权值，公式如下：

$$CNYX_t = A \cdot EUR_t^{-w_1} \cdot USD_t^{-w_2} \cdot JPY_t^{-w_3} \cdot KRW_t^{-w_4} \cdot GBP_t^{-w_5} \cdot TWB_t^{-w_6} \cdot HKD_t^{-w_7},$$

其中 A 为常数。指数增加意味着人民币总体上处于升值状态，指数下跌则说明人民币对其他的主要货币贬值。这种表示方法和美元指数是一致的，也符合资本市场指数的表达习惯。各成分货币及其权重分布为：美元（0.2178）、日元（0.1849）、欧元（0.1789）、港元（0.1538）、韩元（0.1109）、新台币（0.0922）、新加坡元（0.0356）和英镑（0.0259）。

最近的是 2006 年 3 月的合约；而两个月之后，该合约将过期，6 月份合约成为最近的合约，同时 2007 年 3 月合约挂牌上市交易，成为最远的合约。同时，我们规定相应的期货合约结算日期为合约月份的第三个星期三，结算以人民币现金完成。另外，根据我国实际情况及借鉴国际做法，将每张合约的价值定为 100 万元较为适宜，而人民币指数在 100 点左右波动，因此将合约乘数定为 10000，充分兼顾合约的流动性和交易费用两个因素。

从埃唐、哈帕斯和克鲁尔（Eytan，Harpaz and Krull，1988）的思想出发建立人民币指数期货的理论定价模型，得到人民币指数期货的均衡价格[①]为：

$$F(t,T) = I \cdot \exp[(r_I - r + \delta)(T - t)], \qquad 式（4.3）$$

其中，I 代表即期人民币指数价格，r 表示人民币无风险收益率，$r_I = \sum_{i=1}^{7} w_i r_i$ 表示人民币指数成分货币无风险收益率的加权值，$\delta = \frac{1}{2}(\sum_{i=1}^{7} w_i \sigma_i^2 + \sigma_I^2)$ 表示漂移因子，r_i 是货币 i 的瞬时无风险收益率，σ_i 是瞬时成分货币汇率波动率，σ_I 是人民币指数波动率，w_i 是人民币指数中各成分货币的权重。

4.1.2.3　最优套保比率的确定

关于人民币指数期货套保策略的制定，其核心在于确定套期保值比率。目前对套期保值比率的研究主要分为两类：一是通过最大化某种具体效用函数获得最优套期比；二是通过最小化某种具体风险函数来获得最优套期比。由于不同的效用函数得出的套期比形式不同，根据第一类方法得到的套保比率不具有统一性。第二类方法仅考虑风险状况的改善，忽略了收益率期望值的变动对套保效果的影响。因此，学者们相继提出改进模型，综合考虑套保组合期望收益率和风险来确定最优套期比，但是仍存在某些问题。

均值广义半方差模型忽略了套保者的风险偏好；均值方差模型，随意性较大，而且实际套保比率可能为负，违背套期保值方向相反的原则；基于 VaR 的套期保值优化模型疏于对套保资产组合尾部损失的控制。

考虑到计算套保比率的核心在于估计期货和现货收益的方差，即期货

---

① 具体推导过程参考韩立岩和王允贵（2009）。

和现货收益的波动性，本节在第四部分仿真检验中动态套保时将采取指数加权移动平均模型（EWMA）来估计期货和现货收益率的条件方差，进而确定套保比率。该模型由约翰·皮尔庞特·摩根（J. P. Morgan）提出，在估计期货和现货收益率的条件方差时，表示如下：

$$\sigma_t^2 = (1 - \lambda)(r_{t-1} - \mu_{t-1})^2 + \lambda \sigma_{t-1}^2, \qquad \text{式（4.4）}$$

其中，μ_{t-1} 是该资产在一定样本区间内估计到的第 $t-1$ 天对数收益率的条件均值，r_{t-1} 是该资产的第 $t-1$ 天对数收益率，σ_t^2 是需估计的某资产在第 t 天对数收益率的条件方差，σ_{t-1}^2 是该资产在一定样本区间内估计到的第 $t-1$ 天对数收益率的方差，λ 是衰减因子，反映波动率数据更新速度。根据经验人为设定，本书取值 0.95。

EWMA 模型是 GARCH 族模型的一个特例，在估计波动率时所需数据量较小，及时反映市场变化，但仍能有效解决波动聚集效应、后尾效应和时变方差效应，适合对期货收益率的波动性进行建模。利用 EWMA 模型逐期估计 $\sigma_{s,t}^2$ 和 $\sigma_{f,t}^2$，再根据 $h = \rho \dfrac{\sigma_{s,t}}{\sigma_{f,t}}$ 逐期计算最优套期比率。

4.1.3 仿真检验结果和分析

4.1.3.1 人民币指数投资价值

首先讨论人民币指数期货的投资价值。表 4-1 和表 4-2 给出了投资于人民币指数、成分货币和其他主要货币收益的统计性指标。其中人民币指数、日元、欧元、英镑、美元、加元和瑞士法郎是基于货币期货计算的，其他货币收益由即期货币收益与利率差额之和计算得出。结果表明，在样本期内，除日元、新加坡元、澳元、加元、瑞士法郎、以色列新谢克尔外，人民币相对于大多数货币升值；除港币外，人民币指数波动均小于其他货币；人民币指数期货夏普率远高于其他货币。这表明对于人民币本位制的投资者，人民币指数期货极富有投资价值。

以人民币指数 B 方案为例，表 4-3 和表 4-4 给出了人民币指数和采取积极交易策略[①]的人民币指数相对于国内国际主要股指债指的收益表现和相关关系统计指标。表 4-3 结果显示，投资于人民币指数收益率波动

---

① 积极交易策略指根据趋势跟踪规则，动态调整指数期货长短头寸。

值相较于国内或国际股指，平均低一个数量级；从表 4 - 4 中可以看出，人民币指数与国内典型债指和短期国际债指正相关，与中长期国际债指和国内股指负相关，但关系均较弱；而与国际股指高度负相关，相关系数绝对值均在 50% 以上。无论投资于国内市场还是国际市场，就对资产组合风险控制而言，人民币指数是有效的投资工具。

表 4 - 1　　　　CNYXA、B 方案指数及成分货币收益率主要统计指标

	方案 A	方案 B	EUR	GBP	HKD	JPY	KRW	SGD	TWD	USD
CNYXA、B 方案指数及成分货币收益率主要指标（均值和标准差单位为%）										
均值	2.540	2.446	- 1.119	- 4.596	- 3.964	2.031	- 3.222	1.061	- 2.366	- 3.984
标准差	4.160	4.039	10.449	10.680	1.803	11.622	17.690	5.351	5.166	1.678
夏普率	0.611	0.606	- 0.107	- 0.430	- 2.198	0.175	- 0.182	0.199	- 0.458	- 2.375
CNYXA、B 方案指数及成分货币收益率相关系数										
CNYX A	1	0.999	- 0.355	- 0.791	- 0.950	0.374	- 0.884	- 0.452	- 0.881	- 0.950
CNYX B	0.999	1	- 0.350	- 0.788	- 0.951	0.371	- 0.882	- 0.447	- 0.879	- 0.950
EAFE	- 0.508	- 0.503	0.200	0.160	0.005	- 0.214	0.135	0.277	0.081	0.022
EURO	- 0.408	- 0.403	0.158	0.100	0.020	- 0.224	0.078	0.257	0.057	0.021
EUROPE	- 0.473	- 0.468	0.152	0.109	0.020	- 0.230	0.077	0.250	0.056	0.019
JPI_S	0.0278	0.034	0.001	0.019	- 0.001	0.0298	0.052	- 0.003	0.006	- 0.024
JPI_M	0.023	- 0.002	0.033	0.058	- 0.014	0.319	0.016	- 0.060	- 0.000	- 0.036
JPI_L	0.026	- 0.002	0.015	0.042	- 0.019	0.248	- 0.010	- 0.074	0.004	- 0.018

表 4 - 2　　　　CNYXA、B 方案指数及其他主要货币收益率主要统计指标

	方案 A	方案 B	AUD	CAD	CHF	ILS	NOK	NZD	RUB	SEK
CNYXA、B 方案指数及其他主要货币收益率主要指标（均值和标准差单位为%）										
均值	2.540	2.446	1.138	0.249	1.838	0.441	- 0.833	- 2.310	- 3.412	- 0.143
标准差	4.160	4.039	16.465	11.720	11.071	9.656	14.267	15.860	9.136	14.392
夏普率	0.611	0.606	0.069	0.021	0.166	0.046	- 0.058	- 0.146	- 0.373	- 0.010

	方案 A	方案 B	AUD	CAD	CHF	ILS	NOK	NZD	RUB	SEK
CNYXA、B 方案指数及其他主要货币收益率相关系数										
CNYX A	1	0.999	− 0.362	− 0.636	− 0.031	0.153	− 0.479	− 0.619	− 0.661	− 0.542
CNYX B	0.999	1	− 0.358	− 0.632	− 0.027	0.160	− 0.473	− 0.615	− 0.657	− 0.537
EAFE	− 0.508	− 0.503	0.574	0.482	0.261	0.325	0.439	0.495	0.316	0.437
EURO	− 0.408	− 0.403	0.578	0.520	0.269	0.348	0.438	0.509	0.320	0.464
EUROPE	− 0.473	− 0.468	0.590	0.524	0.257	0.344	0.445	0.519	0.315	0.461
JPI_S	0.0278	0.034	0.004	− 0.048	0.066	− 0.013	− 0.002	0.001	− 0.018	0.024
JPI_M	0.023	− 0.002	− 0.218	− 0.243	0.165	− 0.081	− 0.096	− 0.167	− 0.079	− 0.071
JPI_L	0.026	− 0.002	− 0.201	− 0.240	0.1474	− 0.091	− 0.095	− 0.155	− 0.076	− 0.066

表 4 − 3　　　　CNYXB 方案指数与国内主要指数收益率统计指标

	CNYX B	积极 CNYX B	上证 180	深证 100	沪深 300	巴克莱 全债	新富全债	中信全债
平均值	2.4464	6.7110	27.7200	37.8000	30.2400	3.4555	3.1283	2.7236
标准差	4.0388	3.6384	33.1946	34.3942	33.2029	1.1652	2.0007	1.1669
夏普率	0.6057	1.8445	0.8351	1.0990	0.9108	2.9656	1.5636	2.3342
	EAFE	EURO	EUROPE	F − EAST	WORLD	JPI_S	JPI_M	JPI_L
平均值	2.4464	6.7110	27.7200	37.8000	30.2400	3.4555	3.1283	2.7236
标准差	4.0388	3.6384	33.1946	34.3942	33.2029	1.1652	2.0007	1.1669
夏普率	0.6057	1.8445	0.8351	1.0990	0.9108	2.9656	1.5636	2.3342

注：收益率平均值和标准差单位均为% 。

表 4 − 4　　　　CNYX B 方案指数与国内主要指数收益率相关关系

	上证 180	深证 100	沪深 300	巴克莱全债	新富全债	中信全债	EAFE
CNYX B	− 0.0563	− 0.0544	− 0.0565	0.0715	0.0435	0.0741	− 0.5030
积极 CNYX B	− 0.0465	− 0.0431	− 0.0455	0.0206	0.0173	0.0203	− 0.5734
	EURO	EUROPE	F − EAST	WORLD	JPI_S	JPI_M	JPI_L
CNYX B	− 0.4031	− 0.4684	− 0.6868	− 0.5271	0.0337	− 0.0021	− 0.0024
积极 CNYX B	− 0.5075	− 0.5497	− 0.7352	− 0.5873	0.0381	− 0.0023	− 0.0010

从资产组合角度出发讨论人民币指数的投资价值可以获得更为直观的理解。如图 4-1 和图 4-2 所示，引入人民币指数后，有效前沿面向左上方移动，结合积极交易策略改进效果更佳。

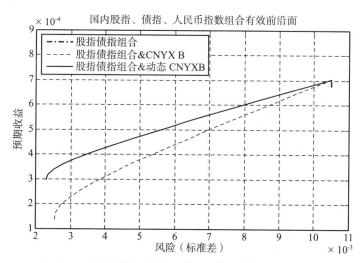

图 4-1　国内股指、债指、人民币指数组合有效前沿面

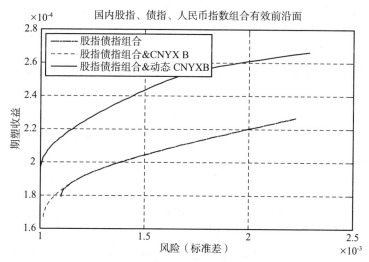

图 4-2　国际股指、债指、人民币指数组合有效前沿面

表 4 - 5 给出了将人民币指数纳入典型国内股指债指组合①后的收益率改进状况。引入 B 方案人民币指数后,夏普率有所改进;虽然收益均值有所下降,但收益的不确定性明显降低。采取积极交易策略后的人民币指数与国内指数相关性较低,对夏普率及风险收益的改善更为明显。

表 4 - 5　　　　　CNYX B 方案指数、国内股指债指组合收益率统计指标

	组合 1	组合 2	组合 1& CNYX	组合 2& CNYX	组合 1& 动态 CNYX	组合 2& 动态 CNYX
平均值(%)	16.5554	17.7419	13.7336	14.6828	14.5866	15.5357
标准差(%)	16.6747	16.6965	13.3688	13.3893	13.3628	13.3831
夏普率	0.9928	1.0626	1.0273	1.0966	1.0916	1.1608

在国际股指债指组合②中引入人民币指数的改善效果显著,收益率均值基本保持不变,标准差平均减小 59.59%,夏普率提高 66.24%;采取积极交易策略后效果更佳,收益率均值增加 74.25%,标准差平均减小 48.67%,夏普率提高 2.3967 倍,具体参见表 4 - 6。

表 4 - 6　　　CNYX B 方案指数、国际股指债指组合收益率统计指标

	组合 3	组合 4	组合 5	组合 3& CNYX	组合 4& CNYX	组合 5& CNYX	组合 3& 动态 CNYX	组合 4& 动态 CNYX	组合 5& 动态 CNYX
平均值(%)	2.9874	2.3820	2.8066	2.7169	2.4142	2.6265	4.8492	4.5465	4.7588
标准差(%)	10.853	13.947	13.058	5.7061	7.1509	6.7269	5.6414	7.1014	6.6736
夏普率	0.2752	0.1708	0.2149	0.4761	0.3376	0.3904	0.8596	0.6402	0.7131

---

①　组合 1 由沪深 300 指数(50%)、巴克莱资本中国全债指数(16.67%)、新富全债指数(16.67%)和中信标普全债指数(16.67%)构成;组合 2 由上证 180 指数(16.67%)、深证 100 指数(16.67%)、沪深 300 指数(16.67%)、上证国债指数(10.00%)、上证企债指数(10.00%)、巴克莱资本中国全债指数(10.00%)、新富全债指数(10.00%)和中信标普全债指数(10.00%)构成。

②　组合 4 由 MSCI EAFE(50%)和 JP 投资级债券指数(短、中、长期等权重,各为 16.67%)构成;组合 4 由 MSCI Euro(50%)和 JP 投资级债券指数(短、中、长期等权重,各为 16.67%)构成;组合 4 由 MSCI Europe(50%)和 JP 投资级债券指数(短、中、长期等权重,各为 16.67%)构成。

上述结果表明，无论作为单独投资工具还是作为资产组合的一部分，人民币指数期货均能有效改进投资效率。那么如果构建一个由人民币指数成分货币及相应权重匹配的货币篮子能否起到至少同样的投资效果？实证表明（参见表4-7），无论是否采取积极交易策略，由人民币指数成分货币构成的货币篮子投资效果较差，有必要构建人民币指数期货头寸。

表4-7 人民币指数与货币篮子投资效果比较

静态	CNYX	Basket	EUR	GBP	HKD	JPY	KRW	SGD	TWD	USD
平均值（%）	2.446	-2.066	-1.119	-4.596	-3.964	2.031	-3.222	1.061	-2.366	-3.984
标准差（%）	4.039	4.395	10.449	10.680	1.803	11.622	17.690	5.351	5.166	1.678
夏普率	0.606	-0.470	-0.107	-0.430	-2.198	0.175	-0.182	0.198	-0.458	-2.375
动态	CNYX	Basket	EUR	GBP	HKD	JPY	KRW	SGD	TWD	USD
平均值（%）	6.711	3.208	10.996	8.169	-1.851	15.084	10.284	6.992	3.385	-2.038
标准差（%）	3.638	3.954	9.462	9.611	1.579	10.609	16.050	4.864	4.687	1.453
夏普率	1.845	0.811	1.162	0.850	-1.173	1.422	0.641	1.438	0.722	-1.403

4.1.3.2 人民币指数在市场极端情况的表现

近年来，学术界开始关注资产及其组合在市场极端情况下的表现。在市场极端情况下，各资产之间的相关关系尤其是尾部相关关系不同于市场相对正常时的情况。外汇市场由于其高度的灵活性及弹性，在市场极端情况波动尤为剧烈；相应地，某些流动性高、相对稳定的硬通货成为金融危机天然的避难所。如图4-3和图4-4所示，人民币指数收益分布相对集中，左侧尾部风险较小，可以预计其在市场恶化时仍能保持相对独立，起到良好的套保作用。

图4-5和图4-6给出了人民币指数与其他主要指数在市场极端状况时的表现。为了量化市场状况，将收益率分别按沪深300、中债综合指数分成十个区间段；第一区间市场状况最差，第十区间市场状况最佳。如图4-5和图4-6所示，人民币指数对股指或债指市场波动敏感度低：在股指市场极端情况下，收益基本保持平稳，且与其他指数基本呈现负相关；在债指市场极端状况下，人民币指数收益走势虽与其他指数保持一致，但随市场波动程度最小。

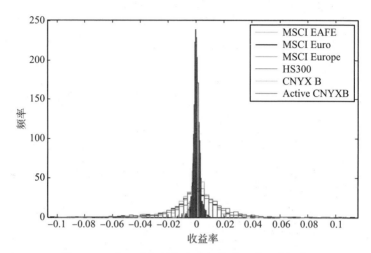

图 4-3　人民币指数与主要股指收益率分布比较

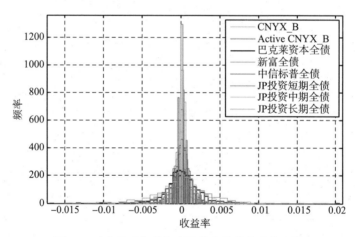

图 4-4　人民币指数与主要债券收益率分布比较

　　图 4-7 和图 4-8 比较了人民币指数与主要股指收益率累积分布分位函数，可以认为是市场状况无限分割的推广，人民币指数中性特征得以更明显反映。相对平稳的收益表明人民币指数对于金融市场尤其是股指市场变化的敏感性较低，基本保持中性，对于风险尤其是下侧风险可以起到良好的套保效果。

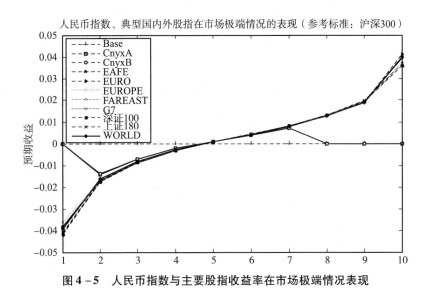

图 4-5　人民币指数与主要股指收益率在市场极端情况表现

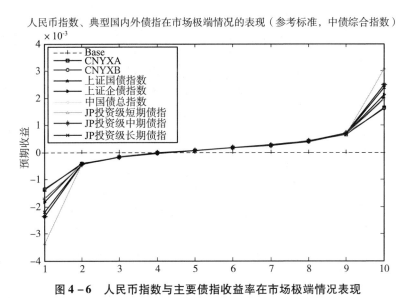

图 4-6　人民币指数与主要债指收益率在市场极端情况表现

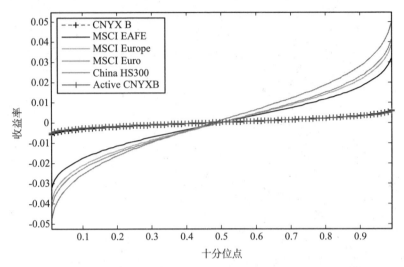

图 4 - 7　人民币指数与主要股指收益率累积分布分位函数比较

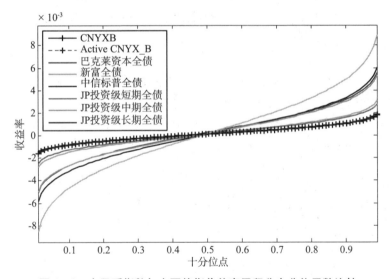

图 4 - 8　人民币指数与主要债指收益率累积分布分位函数比较

4.1.3.3　人民币指数期货套期保值价值

　　套期保值是利用一定比例的期货合约与现货进行方向相反的操作，从而实现现货价格风险规避。无论是对于持有外汇资产的国内投资者还是持有人民币资产的外国投资者，人民币指数期货可以对冲汇率风险。前者买入相应的人民币指数期货头寸，后者卖空相应的人民币指数期货头寸。

表 4-8 对比了未套保和分别采用人民币指数期货及货币篮子进行套保的资产组合的夏普率。结果表明，应用人民币指数期货对各股指资产套保后，夏普率明显提高；基于 A、B 两个人民币指数方案，若采用静态套保策略，分别提高 42.20% 和 39.93%，若采用动态套保策略，分别提高 3.9804 倍和 3.8319 倍。我们同时注意到一个有趣的结果，人民币指数期货对风险收益的改善效果明显优于货币篮子。以动态套保为例，若应用货币篮子进行套保，夏普率仅提高 1.1441 和 1.1415 倍，远低于人民币指数期货的改善效果。

表 4-8　　　　　　　　　　　各组合夏普率比较

	未套保	静态				动态			
		人民币指数期货套保		货币篮子套保		人民币指数期货套保		货币篮子套保	
		方案 A	方案 B	方案 A	方案 B	方案 A	方案 B	方案 A	方案 B
国内股指篮子 A	0.6050	0.7773	0.7601	0.3629	0.3729	2.5782	2.4847	2.4649	2.4459
国内股指篮子 B	0.6287	0.8016	0.7818	0.3785	0.3889	2.6470	2.5463	2.5297	2.5104
EAFE	0.0362	0.1418	0.1371	-0.0465	-0.0424	0.9248	0.8949	-0.0465	-0.0424
Euro	-0.0192	0.0641	0.0608	-0.0814	-0.0781	0.6756	0.6529	-0.0814	-0.0781
Europe	0.0134	0.1017	0.0980	-0.0550	-0.0516	0.7531	0.7283	-0.0550	-0.0516
North America	-0.0210	0.0783	0.0748	-0.0966	-0.0927	0.8087	0.7859	-0.0966	-0.0927
World	0.0038	0.1205	0.1205	-0.0842	-0.0797	0.9866	0.9572	-0.0843	-0.0797
EM	0.4297	0.5173	0.5148	0.3463	0.3498	1.2078	1.1848	0.3463	0.3498
EM Asia	0.3795	0.4638	0.4607	0.2984	0.3019	1.1303	1.1062	0.2984	0.3019
EM Europe Mid-East	0.1744	0.2450	0.2430	0.1146	0.1175	0.7720	0.7548	0.1146	0.1175
EM Latin America	0.4835	0.5478	0.5460	0.4287	0.4310	1.0322	1.0172	0.4287	0.4310

图 4-9 和图 4-10 根据不同指标分别对比了人民币指数期货及货币篮子的套保效率[1]，两个指标结果基本一致，以指标 1 和方案 A 为例说

---

[1]　套期保值效率指标可对套期保值的效果进行衡量，本书我们分别给出风险最小化和效用最大化两个框架下的套期保值效率指标。在风险最小化框架下，该指标（指标 1）值越大，说明套期保值效果越好。在效用最大化框架下，该指标（指标 2）值越小，说明套期保值效果越好。

明。无论是否采取动态套保策略，人民币指数期货套保效率均明显高于货币篮子，分别提高 2.8172% 和 1.8546%；对于成熟的股指市场（MSCI EAFE、MSCI Euro、MSCI Europe、MSCI North America、MSCI World），人民币指数期货套保效率更高，分别提高 5.8554% 和 3.4146%。

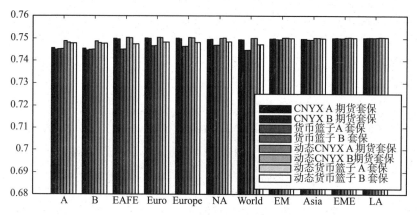

图 4-9　套保效率比较（指标 1）

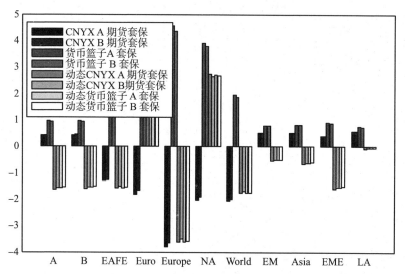

图 4-10　套保效率比较（指标 2）

综上所述，实证结果表明：人民币指数期货具有综合性套保价值及投资价值。无论对于单个货币资产还是分散投资的国际股指债指组合，以人民币指数期货加入资产组合进行风险对冲，能够较大程度地降低收益率波动，提高抵御汇率波动的能力，同时在一定程度上拓展收益空间；人民币指数期货收益对股指和债指市场波动敏感度低，在市场极端状况时能保持相对稳定，对于下行风险可以收到突出的套保效果；在积极交易策略的指导下，人民币指数期货的套保与投资效果更佳。

比较研究进一步证实：人民币指数期货套保与投资价值显著高于由成分货币及其权重构建的货币期货篮子，在发达国家股指市场表现更加明显，这也印证了推出人民币指数期货的必要性和所设计合约的合理性。

根据仿真检验结果，并结合美元指数衍生产品的发展经验，针对人民币指数，我们提出如下政策建议：在内地人民币外汇期权的场外交易和香港地区人民币外汇期货场内交易取得经验的基础上，应当争取尽快地推出人民币指数期货，实行场内交易，并在发展中不断完善人民币指数衍生品市场体系建设，加强相关法律法规建设、推进市场主体和监管机制培育。

发展人民币衍生品是一个循序渐进的过程。但是我们可以从人民币指数期货出发，借鉴美元指数衍生产品的发展经验，积极探索，稳步前进，走出一条具有中国特色的外汇衍生品发展道路，这对于促进当前外汇储备资产的国际化运作、促进中国企业的海外投资、稳步推动人民币国际化进程和争取在国际金融市场的历史变迁中占据主动具有重要战略意义。

4.2　汇率风险管理：外汇期权套保价值与策略

为进一步发展外汇市场，中国国家外汇管理局于 2011 年 2 月 16 日发布《关于人民币外汇期权交易有关问题的通知》[①]，宣布自 2011 年 4 月 1 日起推出人民币对外汇普通欧式期权交易，在实需的原则下为企业和银行提供更多的汇率避险保值工具，开启了人民币外汇衍生品市场发展的历史性进程。未来，这些期权产品如何稳步进入市场交易阶段，切实为企业和银行规避汇率风险以及为强化外汇市场流动性支持提供有操作性的工具，

---

① 该通知发布于国家外汇管理局网站 http：//www. safe. gov. cn/model_safe/laws/law_detail. jsp? ID = 80600000000000000，32&id = 4.

这些都是发展和完善人民币外汇期权市场必须要走的具体的、实际的步骤。目前，企业和银行面临四个亟待解决的关键性问题：

第一，人民币外汇期权套保价值如何，与人民币外汇远期相比有无优势？第二，相应的外汇期权如何定价？第三，最优套保策略如何确定？第四，如何准确计量外汇期权风险头寸并实施有效的综合管理？

迄今，关于上述四个问题少有文献涉及，有待新的理论支持。

本节建立了基于离散情景树的国际资产配置多阶段随机规划模型，在此基础上系统研究了人民币外汇期权的套保价值及最优套保策略，并与外汇远期的套保效果进行了比较，在学术和实践上均有重要价值。实证研究表明，根据本节模型确定的最优策略，人民币外汇期权组合对冲汇率风险的效果显著优于外汇远期，能够有效降低财富损失并提升盈利空间。

4.2.1　文献回顾

外汇期权的研究已经形成了比较丰富的文献体系，这些成果大大丰富了笔者对外汇期权价值的认识，促使笔者对人民币外汇期权套保价值及套保策略进行研究。

国外学者在外汇期权领域所做的大量探索性工作可以概括为以下三个方面。

第一，对外汇期权与其他外汇衍生品套保效果的比较性研究。对于外汇远期与单一外汇期权的套保效果，结果较为统一，在大多数情况下外汇远期的套保效果更佳，外汇期权视市场情况和风险规避需求作为套保工具的有效补充。但对外汇远期与外汇期权组合的套保效率，却鲜有研究。韦尔和温特尔（Ware and Winter，1988）认为外汇远期合约只能够对冲外汇交易中存在的汇率风险，对于价格接受型的企业在生产经营性活动中的汇率风险无能为力，而期权合约在一定情况下能够规避部分该类汇率风险。恩和雷斯尼克（Eun and Resnick，1997）发现两者套保效果与套保策略有关：外汇远期合约比被动执行单一保护性看跌外汇期权具有更好的规避外汇风险的功能，托帕尔格鲁、弗拉迪米罗和佐尼斯（Topaloglou，Vladimirou and Zenios，2008）基于单期随机规划模型和静态套保策略也证明了这一观点；而根据汇率远期价格升贴水积极调整外汇期权多空头寸能够改善外汇期权的套保效果。毛雷尔和瓦利亚尼（Maurer and Valiani，2007）说明看跌外汇期权的套保效果与执行价格相关，实值看跌期权比平值、虚值看跌期权更具有吸引力，但是实值看跌期权套保带来的较高收益伴随着较高水平下侧风险，降低了外汇期权的套保效果。

对于外汇期货与外汇期权的比较性研究，结果分歧较大。辛、郭和李（Hsin, Kuo and Lee, 1994）早期做了大量有意义的工作，但并未得到一个统一的结论。德玛斯金（DeMaskey, 1995）认为具体采用哪种套保工具应视外汇风险头寸类型、公司规模、公司管理者风险偏好以及公司管理者对各套保工具认知程度和运用熟练程度而定。张和黄（Chang and Wong, 2003）继而表明，如果资产价格与汇率风险负相关或者公司管理者呈汇率风险厌恶态度，持有看跌外汇期权多头将优于外汇期货的套保效果。张和尚卡尔（Chang and Shanker, 1986）、贝尼特和勒夫特（Benet and Luft, 1995）认为从期末财富方差减小还是投资组合下侧风险控制角度而言，外汇期货套保效率一般程度上均优于外汇期权。利恩和特希（Lien and Tse, 2001）佐证了这一观点，发现只有在投资者是风险偏好的情况下出现例外。阿尔伯克基（Albuquerque, 2007）也得到类似结论。然而，其他诸如科斯沃尔德（Korsvold, 1994），汉考克和魏泽（Hancock and Weise, 1994）等则持有截然相反的观点。

第二，对外汇期权理论定价模型的持续探讨。研究者不断改进对布莱克—舒尔茨（Black - Scholes）模型的假设，充分考虑外汇市场随机波动、均值回复和跳跃等特征，使得理论定价模型得到不断完善，文献层出不穷，此不赘述。以上方法各有优劣，但是并不适合在随机规划框架下实现定价，因此有必要完善基于情景树的外汇期权定价理论。

第三，基于不同角度对外汇期权应用策略的探索。早期研究如斯泰尔（Steil, 1993）就布莱克—舒尔茨（Black - Scholes）模型在外汇期权领域的应用做了大量探索性工作，此不赘述。科恩和特劳特曼（Korn and Trautmann, 1999）在期望效用最大化框架下探讨了外汇期权使用策略，但是该模型没有考虑风险约束，仅适用于外汇投机者。高希（Ghosh, 2005）研究了理性投资者如何利用外汇期权实现套利。就套保策略而言，默塔（Murtagh, 1989）建立了一个非线性规划模型，对套保率和期权执行价格的确定做了深入探讨。龚兹奥、科文博格和福斯特（Gondzio, Kouwenberg and Vorst, 2003）引入对 Delta、Vega 参数的控制，在随机波动市场中讨论期权套保策略。吴和孙（Wu and Sen, 2000）和罗斯（Ross, 2004）考虑了基于 Delta 和 Gamma 对冲限制的复制策略。帕帕里斯惕杜卢（Papahristodoulou，2004）在一个单期线性规划模型下讨论了基于布莱克—舒尔茨（Black – Scholes）公式中五个希腊字母中性的静态套保策略。Gao（2009）将帕帕里斯惕杜卢（Papahristodoulou，2004）的模型做了进一步扩展，充分考虑了投资者的投资偏好，通过不断调整对五个希腊字母的风险控制实现预期的风险收益结构。许恩斯、夸尔玛和许布纳（Schyns，Crama and Hübner，2010）引入多周期线性规划模型实现了标的为某个单一指数的期权组合的最佳选择。

以上模型除了没有充分外汇市场特点和国际资产配置问题本质外，仍存在三个问题。第一，疏于对未来市场和参数不确定性的考虑会降低期权组合套保效果。第二，希腊参数度量的是期权价格对时变参数的敏感度，基于静态观点对希腊参数的度量并不合理，在其基础上实施的风险管理的有效性有待提高。第三，忽略标的资产，最优策略制定仅局限于期权组合。若里翁（Jorion，1994）指出了分离资产配置和套保策略决策即期权组合被添加到已实现最优配置的投资组合中的做法相对于整体决策的局限性。他认为，在最优化标的资产配置后再使用套保组合控制风险将引起原最优资产组合风险结构的变化，从而影响投资组合收益，使得套保组合并非整体最优。因此有必要整体决策，同时决定资产最优配置比例及期权套保策略。

国内关于外汇期权的研究尚处于起步阶段，文献数量较少，主要包括两个方面：一方面是关于外汇期权组合风险值度量工具和方法的研究，另一方面是关于外汇期权定价理论模型的研究，此不赘述。而国内关于外汇期权套保价值及策略研究的文献几乎为空白。

4.2.2　模型框架

引入 CVaR 指标来衡量投资组合的风险状况，以最小化投资收益的 CVaR 风险为目标，以投资者对于投资组合安全性、流动性和收益性要求为约束，对投资组合在国际市场上进行统一动态滚动配置，同时分别采用外汇远期和外汇期权构建相应的对冲头寸来规避汇率风险。

4.2.2.1　变量说明

模型构建过程中涉及的相关变量和符号说明如表 4 – 9 所示。

表 4 - 9	模型构建过程中涉及的相关变量和符号说明
集合	
CO_c	币种 c 可能的外汇期权集合
确定性输入变量	
k_j^0	期权 j 初始执行价格，$j \in CO_c$，$c \in C$
$cc(e_c^0, k_j^0)$	以即期汇率 e_c^0 为标的，k_j^0 为执行价格的看涨欧式期权价格，$j \in CO_c$，$c \in C$
$pc(e_c^0, k_j^0)$	以即期汇率 e_c^0 为标的，k_j^0 为执行价格的看跌欧式期权价格，$j \in CO_c$，$c \in C$
$pcc(e_c^0, k_j^0)$	以即期汇率 e_c^0 为标的，k_j^0 为执行价格的看涨欧式期权支付，$pcc(e_c^0, k_j^0) = \max(e_c^0 - k_j^0, 0)$，$j \in CO_c$，$c \in C$
$ppc(e_c^0, k_j^0)$	以即期汇率 e_c^0 为标的，k_j^0 为执行价格的看跌欧式期权支付，$ppc(e_c^0, k_j^0) = \max(k_j^0 - e_c^0, 0)$，$j \in CO_c$，$c \in C$
情景生成变量	
p_{ic}^n	节点 n 处币种 c 资产 i 价格水平，$i \in I_c$，$c \in C$，$n \in N\backslash\{0\}$
k_j^n	节点 n 处期权 j 执行价格，$j \in CO_c$，$c \in C$，$n \in N\backslash\{0\}$
$cc(e_c^n, k_j^n)$	节点 n 处以即期汇率 e_c^n 为标的，k_j^n 为执行价格的看涨欧式期权价格，$j \in CO_c$，$c \in C$，$n \in N\backslash\{0\}$
$pc(e_c^n, k_j^n)$	节点 n 处以即期汇率 e_c^n 为标的，k_j^n 为执行价格的看跌欧式期权价格，$j \in CO_c$，$c \in C$，$n \in N\backslash\{0\}$
$pcc(e_c^n, k_j^n)$	节点 n 处以即期汇率 e_c^n 为标的，k_j^n 为执行价格的看涨欧式期权支付，$pcc(e_c^n, k_j^n) = \max(e_c^n - k_j^n, 0)$，$j \in CO_c$，$c \in C$，$n \in N\backslash\{0\}$
$ppc(e_c^n, k_j^n)$	节点 n 处以即期汇率 e_c^n 为标的，k_j^n 为执行价格的看跌欧式期权支付，$ppc(e_c^n, k_j^n) = \max(k_j^n - e_c^n, 0)$，$j \in CO_c$，$c \in C$，$n \in N\backslash\{0\}$
决策变量	
$ncc(e_c^n, k_j^n)$	节点 n 处以即期汇率 e_c^n 为标的，k_j^n 为执行价格的看涨欧式期权的买入量；若为负，即为卖出量，$j \in CO_c$，$c \in C$，$n \in N\backslash\{N_T\}$
$npc(e_c^n, k_j^n)$	节点 n 处以即期汇率 e_c^n 为标的，k_j^n 为执行价格的看跌欧式期权的买入量；若为负，即为卖出量，$j \in CO_c$，$c \in C$，$n \in N\backslash\{N_T\}$

4.2.2.2　外汇期权定价

在随机规划框架下，标的资产收益率分布由情景树确定，不再服从某种特定的分布或随机过程，因此基于标的资产服从某种分布或随机过程的传统的定价方法诸如 Black – Sholes 公式等不再适用。

令 e_t 为节点 n 处标的即期汇率水平，$\overline{e_{t+1}}$ 为在期权到期时标的即期汇率水平，则 $\overline{x_{t+1}} = \ln(\overline{e_{t+1}}) - \ln(e_t)$ 为即期汇率升水，则 $\overline{e_{t+1}} = e_t \exp(\overline{x_{t+1}})$，即即期汇率在期权到期时的条件分布依赖于即期汇率升水的条件分布，而该分布不服从特定假设，仅依赖于情景树生成。在风险中性条件下，节点 n 处以本币计价的、以即期汇率为标的、以 K 为执行价格欧式看涨期权价格可表示为：

$$cc_t^n(e^t, K) = \exp(-r_t^d) E_t \big[(\overline{e_{t+1}} - K)^+ \big]$$

$$= \exp(-r_t^d) \int_{\ln\left(\frac{K}{e_t}\right)}^{\infty} [e_t \exp(x) - K] f(x) dx, \qquad \text{式 (4.5)}$$

其中，$f(x)$ 正是即期汇率升水的条件分布，r_t^d，r_t^f 分别为本币和外币市场无风险利率。

笔者借鉴托帕尔格鲁、弗拉迪米罗和佐尼斯（Topaloglou, Vladimirou and Zenios, 2008）的方法，用易处理的对数正态分布的革兰—沙利耶（Gram – Charlier）展开式逼近标的资产对数收益率密度函数，具体表示如下：

$$f(\varpi) \approx \phi(\varpi) - \frac{\gamma_1}{3!} D^3 \phi(\varpi) + \frac{\gamma_2}{4!} D^4 \phi(\varpi), \qquad \text{式 (4.6)}$$

其中，$\phi(\varpi) = \frac{1}{\sqrt{2\pi}} \exp\left(-\frac{\varpi^2}{2}\right)$ 是标准正态概率分布密度函数，$\varpi = \frac{\overline{x_{t+1}} - \mu}{\sigma}$ 为标准化的即期汇率升水变量，D^j 代表 $\phi(\varpi)$ 的第 j 阶导数。

将式（4.6）代入式（4.5），即可得到节点 $c \in C$ 处以本币计价的以即期汇率为标的的 $n \in N \setminus \{N_T\}$ 为执行价格欧式看涨期权价格：

$$cc_t^n(e^t, K) = e_t \exp(-r_t^f) N(d) - K \exp(-r_t^d) N(d - \sigma) + e_t \exp(-r_t^f) \phi(d) \sigma$$

$$\left[\frac{\gamma_1}{3!} (2\sigma - d) - \frac{\gamma_2}{4!} (1 - d^2 + 3d\sigma - 3\sigma^2) \right], \qquad \text{式 (4.7)}$$

其中，$d = \dfrac{\ln\left(\dfrac{e^t}{K}\right) - (r_t^f - r_t^d) + \dfrac{\sigma^2}{2}}{\sigma}$，$\phi(\cdot)$ 是标准正态分布密度函数，$N(\cdot)$ 是标准正态分布累积分布函数，$\gamma_1 = \dfrac{\mu_3}{\mu_2^{\frac{3}{2}}}$，$\gamma_2 = \dfrac{\mu_4}{\mu_2^2}$ 是偏度和峰度的 Fisher 参数，μ_i 代表第 i 阶中心矩。在实证分析中，首先计算节点 n + 1 处标的即

期汇率的所有可能情景 S_n 的前四阶矩，而其他参数（即期汇率水平 e^t，执行价格 K，无风险利率 r_t^d，r_t^f）是确定的，代入式（4.7）即可得出节点 n 处欧式看涨期权价格。相应的，节点 n 处欧式看跌期权价格可由期权平价公式得出：

$$pc_t^n(e^t,\ K) = cc_t^n(e^t,\ K) + K\exp(-r_t^d) - e_t。 \qquad 式（4.8）$$

4.2.2.3　基本模型

考虑到外汇远期和外汇期权收益支付结构和真实现金流发生时间的不同，相应的各币种资金数量动态平衡方程、套保头寸建仓成本约束以及投资期末投资组合资产价值计算方式有所不同，因此在模型构建中需针对外汇远期和外汇期权分别设定不同的约束条件。

将目标函数设定为如下线性形式：

$$\min CVaR_\alpha = z + \frac{1}{1-\alpha}\sum\nolimits_{n \in N_T} p_n y_n, \qquad 式（4.9）$$

模型的约束条件包括：1）投资者要求的必要收益率条件，2）配置前后各资产数量的动态平衡方程，3）配置前后各货币资金数量的动态平衡方程，4）套保头寸建仓成本约束，5）卖空限制条件，6）变量符号约定，7）投资组合价值、收益、损失与超额损失的度量等，具体说明如下。

（1）投资者要求的必要收益率条件：

$$\sum\nolimits_{n \in N_T} p_n R_n \geqslant \mu, \qquad 式（4.10）$$

式（4.10）表示在整个投资期内，投资组合的期望收益率不低于必要收益率 μ，反映了投资者对于投资组合收益性的要求。

（2）配置前后各资产数量的动态平衡方程：

$$w_{ic}^0 = b_{ic}^0 + u_{ic}^0 - v_{ic}^0, \quad \forall c \in C_0, \quad \forall i \in I_c, \qquad 式（4.11）$$

$$w_{ic}^n = w_{ic}^{p(n)} + u_{ic}^n - v_{ic}^n, \quad \forall c \in C_0, \quad \forall i \in I_c, \quad \forall n \in N\backslash\{N_T \cup 0\},$$

$$式（4.12）$$

式（4.12）表示在除了初始期和最终期外的其他任何时期任一节点 n 处，某资产调整后的存量等于调整前的存量加上该资产的净买入量。式（4.11）是式（4.12）的初始平衡方程，表示某资产在初始节点处调整后的存量等于该资产的初始禀赋加上该资产的净买入量。

（3）配置前后各货币资金数量的动态平衡方程：

A. 采用外汇远期对冲汇率风险。

$$\sum\nolimits_{c \in C} q_c^0(1-\lambda_c) = \sum\nolimits_{c \in C} p_c^0(1+\lambda_c), \qquad 式（4.13）$$

$$\sum\nolimits_{i \in I_c} v_{ic}^0 p_{ic}^0 (1 - \gamma_{ic}) + \frac{p_c^0}{e_c^0} = \sum\nolimits_{i \in I_c} u_{ic}^0 p_{ic}^0 (1 + \gamma_{ic}) + \frac{q_c^0}{e_c^0},$$

式（4.14）

$$\sum\nolimits_{c \in C} (q_c^n (1 - \lambda_c) + for_c^{p(n)}) = \sum\nolimits_{c \in C} p_c^n (1 + \lambda_c), \quad \forall n \in N \setminus \{N_T \cup 0\},$$

式（4.15）

$$\sum\nolimits_{i \in I_c} v_{ic}^n p_{ic}^n (1 - \gamma_{ic}) + \frac{p_c^n}{e_c^n} = \sum\nolimits_{i \in I_c} u_{ic}^n p_{ic}^n (1 + \gamma_{ic}) + \frac{q_c^n}{e_c^n} + \frac{for_c^{p(n)}}{f_c^{p(n)}},$$

$$\forall c \in C, \quad \forall n \in N \setminus \{N_T \cup 0\}, \qquad \text{式（4.16）}$$

式（4.16）表示除了初始期和最终期外的其他任何时期任一节点 n 处，采用外汇远期对冲汇率风险时资金的来源（包括该币种相关市场上的资产出售所得和以人民币新兑换的该币种资金）等于资金调整后的去向（包括该币种相关资产的购买，用于兑换为人民币的该币种资金数量以及交易该币种外汇远期合约资金数量的支出）。式（4.14）是式（4.16）的初始平衡方程，唯一的区别是初始阶段只有该币种外汇远期合约的签订而没有该币种外汇远期合约资金数量的实际流出。式（4.13）和式（4.15）分别是初始期和除了初始期及最终期外的其他任何时期任一节点 n 处本币资产交易的自融资假设条件，即在投资过程中不再增加或减少投资。

　　B. 采用外汇期权对冲汇率风险。

$$\sum\nolimits_{c \in C} q_c^0 (1 - \lambda_c) = \sum\nolimits_{c \in C} p_c^0 (1 + \lambda_c) + \sum\nolimits_{c \in C} \sum\nolimits_{j \in CO_c}$$
$$[npc(e_c^0, k_j^0) \cdot pc(e_c^0, k_j^0) + ncc(e_c^0, k_j^0) \cdot cc(e_c^0, k_j^0)],$$

式（4.17）

$$\sum\nolimits_{i \in I_c} v_{ic}^0 p_{ic}^0 (1 - \gamma_{ic}) + \frac{p_c^0}{e_c^0} = \sum\nolimits_{i \in I_c} u_{ic}^0 p_{ic}^0 (1 + \gamma_{ic}) + \frac{q_c^0}{e_c^0},$$

式（4.18）

$$\sum\nolimits_{c \in C} \sum\nolimits_{j \in CO_c} [npc(e_c^{p(n)}, k_j^{p(n)}) \cdot ppc(e_c^{p(n)}, k_j^{p(n)}) + ncc(e_c^{p(n)}, k_j^{p(n)}) \cdot$$
$$pcc(e_c^{p(n)}, k_j^{p(n)})] + \sum\nolimits_{c \in C} q_c^n (1 - \lambda_c) = \sum\nolimits_{c \in C} p_c^n (1 + \lambda_c)$$
$$+ \sum\nolimits_{c \in C} \sum\nolimits_{j \in CO_c} [npc(e_c^n, k_j^n) \cdot pc(e_c^n, k_j^n) + ncc(e_c^n, k_j^n) \cdot cc(e_c^n, k_j^n)],$$

$$\forall c \in C, \quad \forall n \in N \setminus \{N_T \cup 0\}, \qquad \text{式（4.19）}$$

$$\sum\nolimits_{i \in I_c} v_{ic}^n p_{ic}^n (1 - \gamma_{ic}) + \frac{p_c^n}{e_c^n} = \sum\nolimits_{i \in I_c} u_{ic}^n p_{ic}^n (1 + \gamma_{ic}) + \frac{q_c^n}{e_c^n},$$

$$\forall c \in C, \quad \forall n \in N \setminus \{N_T \cup 0\}, \qquad \text{式（4.20）}$$

式（4.18）和式（4.20）分别表示初始期和除了初始期及最终期外的其他任何时期任一节点 n 处外币资金的来源等于调整后资金的支出。式（4.19）表示在除了初始期和最终期外的其他任何时期任一节点 n 处本币的资金流量平衡，资金的来源（包括其他外币兑换为人民币的数量和持有调整前外汇期权头寸所获得的收益）等于资金的去向（包括用于兑换外币的人民币数量和购买外汇期权的支出）。式（4.17）是式（4.19）的初始平衡方程，区别在于初始阶段没有外汇期权的收益。

（4）套保头寸建仓成本约束：

A. 采用外汇远期对冲汇率风险。

$$\mathrm{for}_c^n \leqslant \sum_{m \in S(n)} p_m e_c^m \left(\sum_{i \in I_c} w_{ic}^n p_{ic}^m \right), \quad \forall c \in C, \quad \forall n \in N \backslash N_T,$$
式（4.21）

$$\sum_{c \in C} \mathrm{for}_c^n \leqslant \sum_{c \in C} \sum_{m \in S(n)} p_m e_c^m \left(\sum_{i \in I_c} w_{ic}^n p_{ic}^m \right), \quad \forall c \in C, \quad \forall n \in N \backslash N_T,$$
式（4.22）

式（4.21）和式（4.22）均表示以人民币计价的用于构建外汇远期头寸的成本不超过投资组合的预期价值，即外汇远期仅用于套保而非投机行为。

B. 采用外汇期权对冲汇率风险。

$$\sum_{j \in CO_c} \left[npc(e_c^n, k_j^n) \cdot pc(e_c^n, k_j^n) + ncc(e_c^n, k_j^n) \cdot cc(e_c^n, k_j^n) \right] \leqslant$$
$$\sum_{m \in S(n)} p_m e_c^m \left(\sum_{i \in I_c} w_{ic}^n p_{ic}^m \right),$$
$$\forall c \in C, \quad \forall n \in N \backslash N_T, \qquad \text{式（4.23）}$$

$$\sum_{c \in C} \sum_{j \in CO_c} \left[npc(e_c^n, k_j^n) \cdot pc(e_c^n, k_j^n) + ncc(e_c^n, k_j^n) \cdot cc(e_c^n, k_j^n) \right] \leqslant$$
$$\sum_{c \in C} \sum_{m \in S(n)} p_m e_c^m \left(\sum_{i \in I_c} w_{ic}^n p_{ic}^m \right), \quad \forall n \in N \backslash N_T, \qquad \text{式（4.24）}$$

式（4.23）和式（4.24）均表示以人民币计价的用于构建外汇期权头寸的成本不超过投资组合的预期价值，即外汇期权仅用于套保而非投机行为。

根据约束程度的不同，式（4.21）和式（4.23）要求对每一币种套保头寸构建成本不超过相应币种的资产价值，定义为类型1，式（4.22）和式（4.24）不区分币种，考虑交叉套保的可能，定义为类型2。

（5）卖空限制条件：

$$0 \leqslant v_{ic}^0 \leqslant b_{ic}^0, \quad \forall c \in C, \quad \forall i \in I_c, \qquad \text{式（4.25）}$$
$$0 \leqslant v_{ic}^n \leqslant w_{ic}^{p(n)}, \quad \forall c \in C, \quad \forall i \in I_c, \quad \forall n \in N \backslash \{N_T \cup 0\}, \qquad \text{式（4.26）}$$

式（4.25）和式（4.26）表示在本书的讨论中不允许卖空，即在任一节点处，某资产的出售量不能超过该资产的现货数量。

（6）变量符号约定：

$$u_{ic}^n \geq 0, \quad w_{ic}^n \geq 0, \quad \forall c \in C_0, \quad \forall i \in I_c, \quad \forall n \in N \backslash N_T, \qquad 式（4.27）$$

$$p_c^n \geq 0, \quad q_c^n \geq 0, \quad \forall c \in C, \quad \forall n \in N \backslash N_T, \qquad 式（4.28）$$

式（4.27）表示资产的存量和买入量均不为负；式（4.28）表示外汇市场上交易量恒不为负。

（7）投资组合价值、收益、损失与超额损失的度量：

$$R_n = \frac{V_n}{V_0} - 1, \quad \forall n \in N_T, \qquad 式（4.29）$$

$$L_n = -R_n, \quad \forall n \in N_T, \qquad 式（4.30）$$

$$y_n \geq L_n - z, \quad y_n \geq 0, \quad \forall n \in N_T, \qquad 式（4.31）$$

若采用外汇远期对冲汇率风险：

$$V_n = \sum_{c \in C} \left\{ for_c^{p(n)} + e_c^n \left(\sum_{i \in I_c} w_c^{p(n)} p_{ic}^n - \frac{for_c^{p(n)}}{f_c^{p(n)}} \right) \right\}, \quad \forall n \in N_T,$$

$$式（4.32）$$

若采用外汇期权对冲汇率风险：

$$V_n = \sum_{c \in C} e_c^n \left(\sum_{i \in I_c} w_c^{p(n)} p_{ic}^n \right) + \sum_{c \in C} \sum_{j \in CO_c} \left[npc(e_c^{p(n)}, k_j^{p(n)}) \cdot \right.$$
$$ppc(e_c^n, k_j^n) + ncc(e_c^{p(n)}, k_j^{p(n)}) \cdot pcc(e_c^n, k_j^n) \big],$$
$$\forall n \in N_T. \qquad 式（4.33）$$

4.2.3 实证研究

4.2.3.1 数据描述和情景生成

本书实证分析从中国投资者角度出发，选取美元、欧元、英镑和日元四种货币作为国际投资的配置币种，并在美国、英国、欧元区（以德国市场为代表）和日本的股指市场进行资产配置。人民币对各货币汇率数据来源于 DataStream 数据库；美国股指市场以 S&P500 指数为代表，英国股指市场以金融时报 1000 指数为代表，德国股指市场以 DAX30 指数为代表，日本股指市场以日经 225 指数为代表，上述数据来源于万得资讯金融数据库：http：//www.wind.com.cn/；美元、英镑、日元的无风险收益率由三个月期国库券收益率代表，欧元的无风险收益率由三个月期伦敦银行间拆借利率代表，人民币无风险收益率用一年期存款利率代表，上述利率数据来源于 http：//www. econstats. com；以上时间序列均为日度数据。由于各市场节假日不同，因此笔者仅保留所有市场都开放的日期数据。将上述日度数据取对数后再按月取平均转化成收益率月度数据。

情景生成过程和其他参数设置参考 3.2.2.1 节，不再赘述。再利用 4.2.2.2 节说明的方法实现外汇期权定价。

4.2.3.2　外汇期权套保效果

（1）收益风险结构比较。本书用正态分布拟合了目标收益率为 0% 时套保组合实际收益率的分布情况。如图 4-11 和图 4-12 所示，不论是否分币种对套保头寸成本进行约束，外汇期权对投资组合收益风险结构的改善效果显著均优于外汇远期。其中动态最优策略效果最为明显，收益率均值增加且分布相对集中，左端尾厚程度降低且整体右移，大大降低了超额损失的可能性和幅度。

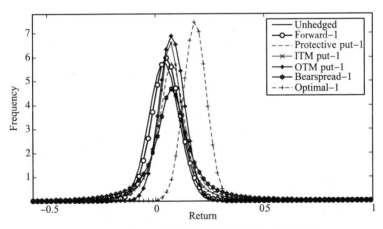

图 4-11　套保组合的收益率分布比较（类型 1）

注：按未套保（Unhedged），使用外汇远期（Forward）和外汇期权对冲汇率风险比较了投资组合的收益率分布情况。其中分策略对外汇期权的套保效果作了详细分析，主要包括保护性看跌（Protective put），仅使用实值期权（ITM），仅使用虚值期权（OTM），熊市价差期权（Bear spread）和无特定收益结构限制的最优策略（Optimal）。

通过不断调整目标收益率得到相应的套保组合 CVaR 值，可以更为清楚地看到外汇期权对投资组合风险的改善效果。如表 4-10 所示，若投资者设定更为激进的收益目标，外汇远期对风险改善程度有限，分别降低

34.72%和64.74%。而外汇期权对尾部风险控制能力较高,若采用约束类型1,降低程度提高至83.64%;若采用约束类型2,当目标收益率设定在3%的范围内时,外汇期权能严格控制投资组合的尾部风险,发生超额损失的可能性为0。

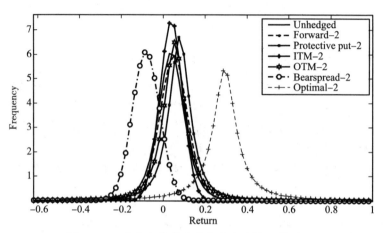

图4-12 套保组合的收益率分布比较(类型2)

注:按未套保(Unhedged),使用外汇远期(Forward)和外汇期权对冲汇率风险比较了投资组合的收益率分布情况。其中分策略对外汇期权的套保效果作了详细分析,主要包括保护性看跌(Protective put),仅使用实值期权(ITM),仅使用虚值期权(OTM),熊市价差期权(Bear spread)和无特定收益结构限制的最优策略(Optimal)。

表4-10　　　　　　　　　套保组合 CVaR 值比较

目标收益率	未套保	远期(最优策略)		期权(最优策略)	
		类型1	类型2	类型1	类型2
0%	0.0727	0.0638	0.0332	0.0178	0.0100
1%	0.0834	0.0746	0.0353	0.0193	0.0100
2%	0.1059	0.0803	0.0399	0.0205	0.0100
3%	0.1296	0.0846	0.0457	0.0212	0.0100

(2)套保比率比较。图4-13和图4-14比较了外汇远期和外汇期权用于套保时的套保比率,发现采用外汇远期的套保比率一般高于外汇期权的套保率,在一定程度上说明外汇期权的套保效率高于外汇远期。另外,时变的套保率表明随机规划模型可以根据市场趋势与投资者风险偏好变化灵活程度决定套保比率。

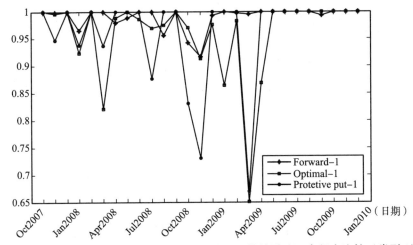

图4－13 外汇远期、外汇期权（动态最优、保护性看跌）套保率比较（类型1）

注：策略包括远期对冲策略（Forward－1）、无特定收益结构限制的最优策略（Optimal－1）及保护性看跌策略（Protective put－1）。

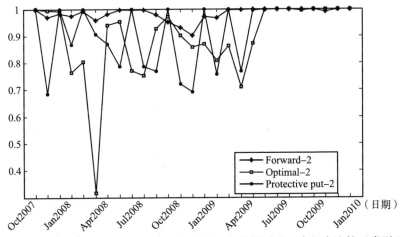

图4－14 外汇远期、外汇期权（动态最优、保护性看跌）套保率比较（类型2）

注：策略包括远期对冲策略（Forward－2）、无特定收益结构限制的最优策略（Optimal－2）及保护性看跌策略（Protective put－2）。

（3）累积财富比较。本书计算了1单位国际资产在2007年10月~2009年12月期间分别采取未套保、外汇远期和不同策略的外汇期权对冲汇率风险得到的月度财富累积数据。

图4－15、图4－16和图4－17结果显示，采用外汇期权对冲汇率风险的投资组合财富积累大于使用外汇远期对冲汇率风险的投资组合，且财

富增长路径较平稳，升值空间大。其中无特定收益结构限制的最优策略套保效果表现显著，在市场复苏阶段能抢先捕捉盈利机会，大幅度提高收益水平，但在市场衰退阶段对于降低财富损失的效果弱于保护性看跌策略。

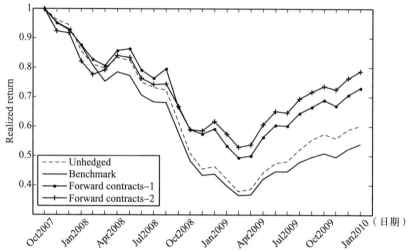

图4-15　未套保组合与不同类型外汇远期套保组合财富累积比较

注：以 Benchmark 为基准，策略包括不采用衍生品对冲的配置策略（Unhedged）及远期对冲策略（Forward contracts 1-2）。

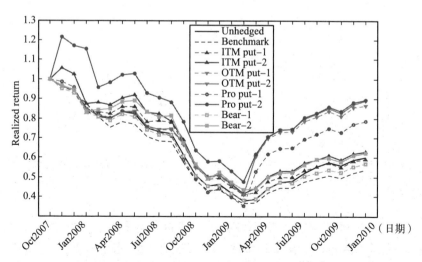

图4-16　未套保组合与不同策略外汇期权套保组合财富累积比较

注：以 Benchmark 为基准，策略包括不采用衍生品对冲的配置策略（Unhedged）、在值看跌期权策略（ITM put 1-2）、虚值看跌期权策略（OTM put 1-2）、保护性看跌策略（Pro put 1-2）及熊市价差策略（Bear 1-2）。

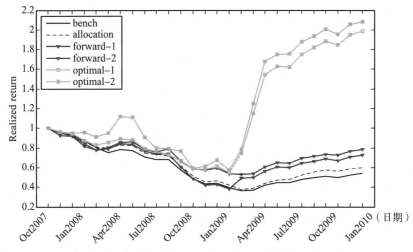

图 4 – 17　外汇远期与外汇期权套保组合财富累积比较

注：以 bench 为基准，策略包括不采用衍生品对冲的配置策略（allocation）、采用远期对冲（forward1 – 2）及无特定收益结构限制的最优策略（optimal 1 – 2）。

　　表 4 – 11 给出了未套保投资组合、外汇远期套保组合与无特定收益结构限制的最优外汇期权套保组合收益率的主要统计指标（包括几何均值、标准差、夏普率、期权收益率和 UP_Ratio），发现外汇期权对投资组合的改善效果显著高于外汇远期。外汇期权套保组合夏普率分别提高至未套保组合的 4.87 和 5.97 倍，相较于外汇远期套保组合提高 57.61% 和 43.86%；UP_Ratio 分别是外汇远期套保组合 2.17 和 1.92 倍。此外，外汇期权收益率相当可观。

表 4 – 11　　　　　　　　　　套保组合收益率主要统计指标

	基准	未套保	外汇远期	外汇期权				
				动态	熊市价差	虚值期权	实值期权	保护性看跌
类型 1								
几何均值	− 0.024	− 0.020	− 0.0122	0.0264	− 0.0201	− 0.0093	− 0.0217	− 0.0055
标准差	0.073	0.0782	0.0687	0.1883	0.0743	0.1182	0.0740	0.1061
夏普率	—	0.0545	0.1686	0.2663	0.0491	0.1227	0.0286	0.1722
期权收益率	—	—	—	1.3311	0.7706	0.7880	0.6071	0.8988
UP_ratio			0.7306	1.5850	1.1154	1.2367	1.0044	1.2209

	基准	未套保	外汇远期	外汇期权				
				动态	熊市价差	虚值期权	实值期权	保护性看跌
类型 2								
几何均值	−0.024	−0.020	−0.0092	0.0282	−0.0177	−0.0045	−0.0182	−0.0044
标准差	0.073	0.0782	0.06445	0.1597	0.0815	0.1091	0.0781	0.1043
夏普率	—	0.0545	0.2260	0.3256	0.0744	0.1772	0.0713	0.1861
期权收益率	—	—	—	1.6705	1.0902	1.2023	0.7692	1.2961
UP_ratio	—	—	0.9502	1.8287	1.1500	1.2619	1.0091	1.2673

综上所述，本节提出了外汇期权国际资产配置多阶段随机规划模型，系统深入地研究了外汇期权的最优套保策略。其学术贡献是：第一，在基于矩匹配方法生成的离散情景树中，同时考虑不同资产收益率的随机波动与汇率的随机波动，通过多阶段随机规划模型同时实现标的资产优化配置和外汇期权最佳套保策略选择；第二，引入偏度和峰度对外汇期权价值影响的调整项，基于情景树改进了外汇期权理论定价模型；第三，深入探讨了外汇期权与外汇远期的套保效果。

针对人民币外汇期权的实证分析结果表明，第一，通过加入人民币外汇期权多阶段随机规划模型能够有效配置国际资产并实现汇率风险的弹性对冲；第二，单一期权套保效率并不优于外汇远期，但是基于动态调整的外汇期权组合套保效率、累积收益率、月度收益率几何均值、夏普率及UP_ratio 等主要统计指标显著优于外汇远期投资组合，且在市场下行阶段财富损失降低，在市场上行阶段盈利能力提升。

基于以上结论，笔者提出如下政策建议：在国际贸易与国际投资中，企业和银行应当运用外汇期权工具实施外汇风险的综合管理，应当形成人民币外汇期权的组合运作理念，即选择期权组合而非单个期权实施汇率风险管理。

4.3　市场风险管理：股指期权套保价值与策略

本节基于离散情景树的国际资产配置多阶段随机规划模型研究股指期权的套保价值及最优套保策略，在学术和实践上均有重要价值。

4.3.1　模 型 框 架

引入 CVaR 指标来衡量投资组合的风险状况，以最小化投资收益的 CVaR 风险为目标，以投资者对于投资组合安全性、流动性和收益性要求为约束，对投资组合在国际市场上进行统一动态滚动配置，同时分别采用外汇远期和外汇期权构建相应的对冲头寸以此来规避汇率风险。

4.3.1.1　变量说明

模型构建过程中涉及的相关变量和符号说明如表 4 - 12 所示。

表 4 - 12　　　　　　　　模型构建过程中涉及的相关变量和符号说明

集合	
SO_c	币种 c 可能的股指欧式期权集合
确定性输入变量	
k_j^0	期权 j 初始执行价格，$j \in SO_c$，$c \in C$
$sc(s_c^0, k_j^0)$	以股指 s_c^0 为标的，k_j^0 为执行价格的看涨欧式期权价格，$j \in SO_c$，$c \in C$
$sp(s_c^0, k_j^0)$	以股指 s_c^0 为标的，k_j^0 为执行价格的看跌欧式期权价格，$j \in SO_c$，$c \in C$
$psc(s_c^0, k_j^0)$	以股指 s_c^0 为标的，k_j^0 为执行价格的看涨欧式期权支付，$psc(s_c^0, k_j^0) = \max(s_c^0 - k_j^0, 0)$，$j \in SO_c$，$c \in C$
$psp(e_c^0, k_j^0)$	以股指 s_c^0 为标的，k_j^0 为执行价格的看跌欧式期权支付，$psp(s_c^0, k_j^0) = \max(k_j^0 - s_c^0, 0)$，$j \in SO_c$，$c \in C$
情景生成变量	
s_c^n	节点 n 处币种 c 股指水平，$c \in C$
k_j^n	节点 n 处期权 j 执行价格，$j \in SO_c$，$c \in C$，$n \in N \backslash \{0\}$
$sc(s_c^n, k_j^n)$	节点 n 处以股指 s_c^n 为标的，k_j^n 为执行价格的看涨欧式期权价格，$j \in SO_c$，$c \in C$，$n \in N \backslash \{0\}$
$sp(s_c^n, k_j^n)$	节点 n 处以股指 s_c^n 为标的，k_j^n 为执行价格的看跌欧式期权价格，$j \in SO_c$，$c \in C$，$n \in N \backslash \{0\}$
$psc(s_c^n, k_j^n)$	节点 n 处以股指 s_c^n 为标的，k_j^n 为执行价格的看涨欧式期权支付，$psc(s_c^n, k_j^n) = \max(s_c^n - k_j^n, 0)$，$j \in SO_c$，$c \in C$，$n \in N \backslash \{0\}$
$psp(s_c^n, k_j^n)$	节点 n 处以股指 s_c^n 为标的，k_j^n 为执行价格的看跌欧式期权支付，$psp(s_c^n, k_j^n) = \max(k_j^n - s_c^n, 0)$，$j \in SO_c$，$c \in C$，$n \in N \backslash \{0\}$

续表

决策变量	
$nsc(s_c^n,\ k_j^n)$	节点 n 处以股指 s_c^n 为标的，k_j^n 为执行价格的看涨欧式期权的买入量；若为负，即为卖出量，$j \in SO_c,\ c \in C,\ n \in N \backslash \{N_T\}$
$nsp(s_c^n,\ k_j^n)$	节点 n 处以股指 s_c^n 为标的，k_j^n 为执行价格的看跌欧式期权的买入量；若为负，即为卖出量，$j \in SO_c,\ c \in C,\ n \in N \backslash \{N_T\}$

4.3.1.2 基本模型

依然将目标函数设定为如下线性形式：

$$\min \mathrm{CVaR}_\alpha = z + \frac{1}{1-\alpha} \sum\nolimits_{n \in N_T} p_n y_n, \qquad \text{式（4.34）}$$

模型的约束条件包括：1）投资者要求的必要收益率条件，2）配置前后各资产数量的动态平衡方程，3）配置前后各货币资金数量的动态平衡方程，4）套保头寸建仓成本约束，5）卖空限制条件，6）变量符号约定，7）投资组合价值、收益、损失与超额损失的度量等，具体说明如下。

（1）投资者要求的必要收益率条件：

$$\sum\nolimits_{n \in N_T} p_n R_n \geqslant \mu, \qquad \text{式（4.35）}$$

式（4.35）表示在整个投资期内，投资组合的期望收益率不低于必要收益率 μ，反映了投资者对于投资组合收益性的要求。

（2）配置前后各资产数量的动态平衡方程：

$$w_{ic}^0 = b_{ic}^0 + u_{ic}^0 - v_{ic}^0, \quad \forall c \in C_0, \quad \forall i \in I_c, \qquad \text{式（4.36）}$$

$$w_{ic}^n = w_{ic}^{p(n)} + u_{ic}^n - v_{ic}^n, \quad \forall c \in C_0, \quad \forall i \in I_e, \quad \forall n \in N \backslash \{N_T \cup 0\},$$
$$\text{式（4.37）}$$

式（4.37）表示在除了初始期和最终期外的其他任何时期任一节点 n 处，某资产调整后的存量等于调整前的存量加上该资产的净买入量。式（4.36）是式（4.37）的初始平衡方程，表示某资产在初始节点处调整后的存量等于该资产的初始禀赋加上该资产的净买入量。

（3）配置前后各货币资金数量的动态平衡方程：

$$\sum\nolimits_{c \in C} q_c^0 (1 - \lambda_c) = \sum\nolimits_{c \in C} p_c^0 (1 + \lambda_c), \qquad \text{式（4.38）}$$

$$\sum_{i \in I_c} v_{ic}^0 p_{ic}^0 (1 - \gamma_{ic}) + \frac{p_c^0}{e_c^0} = \sum_{i \in I_c} u_{ic}^0 p_{ic}^0 (1 + \gamma_{ic}) + \frac{q_c^0}{e_c^0} + \sum_{c \in C} \sum_{j \in SO_c}$$

$$[\mathrm{nsc}(s_c^0, k_j^0) \cdot sc(s_c^0, k_j^0) + \mathrm{nsp}(s_c^0, k_j^0) \cdot sp(s_c^0, k_j^0)],$$

$$\text{式 (4.39)}$$

$$\sum_{c \in C} (q_c^n (1 - \lambda_c) + o_c^{p(n)}) = \sum_{c \in C} p_c^n (1 + \lambda_c),$$

$$\forall c \in C, \quad \forall n \in N \backslash \{N_T \cup 0\}, \qquad \text{式 (4.40)}$$

$$\sum_{j \in SO_c} [\mathrm{nsc}(s_c^{p(n)}, k_j^{p(n)}) \cdot psc(s_c^{p(n)}, k_j^{p(n)}) + \mathrm{nsp}(s_c^{p(n)}, k_j^{p(n)}) \cdot$$

$$psp(s_c^{p(n)}, k_j^{p(n)})] + \sum_{i \in I_c} v_{ic}^n p_{ic}^n (1 - \gamma_{ic}) + \frac{p_c^n}{e_c^n}$$

$$= \sum_{i \in I_c} u_{ic}^n p_{ic}^n (1 + \gamma_{ic}) + \frac{q_c^n}{e_c^n} + \frac{o_c^{p(n)}}{f_c^{p(n)}} + \sum_{j \in SO_c}$$

$$[\mathrm{nsc}(s_c^n, k_j^n) \cdot sc(e_c^n, k_j^n) + \mathrm{nsp}(s_c^n, k_j^n) \cdot sp(s_c^n, k_j^n)],$$

$$\forall c \in C, \quad \forall n \in N \backslash \{N_T \cup 0\}, \qquad \text{式 (4.41)}$$

式 (4.39) 和式 (4.41) 分别表示初始期和除了初始期及最终期外的其他任何时期任一节点 n 处外币资金的来源等于调整后资金的支出。式 (4.38) 和式 (4.40) 表示分别表示初始期和除了初始期及最终期外的其他任何时期任一节点 n 处资金流量平衡方程，资金的来源等于资金的去向。

（4）套保头寸建仓成本约束：

$$o_c^n \leqslant \sum_{m \in S(n)} p_m e_c^m \left(\sum_{i \in I_c} w_{ic}^n p_{ic}^m \right), \quad \forall n \in N \backslash N_T, \qquad \text{式 (4.42)}$$

$$\sum_{c \in C} \sum_{j \in SO_c} [\mathrm{nsc}(s_c^n, k_j^n) \cdot sc(s_c^n, k_j^n) + \mathrm{nsp}(s_c^n, k_j^n) \cdot sp(s_c^n, k_j^n)]$$

$$\leqslant \sum_{c \in C} \sum_{m \in S(n)} p_m e_c^m \left(\sum_{i \in I_c} w_{ic}^n p_{ic}^m \right), \qquad \text{式 (4.43)}$$

式 (4.42) 和式 (4.43) 分别表示以人民币计价的用于构建外汇远期头寸和股指期权头寸的成本不超过投资组合的预期价值，即外汇远期和股指期权仅用于套保而非投机行为。

（5）卖空限制条件：

$$0 \leqslant v_{ic}^0 \leqslant b_{ic}^0, \quad \forall c \in C, \quad \forall i \in I_c, \qquad \text{式 (4.44)}$$

$$0 \leqslant v_{ic}^n \leqslant w_{ic}^{p(n)}, \quad \forall c \in C, \quad \forall i \in I_c, \quad \forall n \in N \backslash \{N_T \cup 0\}, \qquad \text{式 (4.45)}$$

式 (4.44) 和式 (4.45) 表示在本节的讨论中不允许卖空，即在任一节点处，某资产的出售量不能超过该资产的现货数量。

（6）变量符号约定：

$$u_{ic}^n \geqslant 0, \quad w_{ic}^n \geqslant 0, \quad \forall c \in C_0, \quad \forall i \in I_c, \quad \forall n \in N \backslash N_T, \qquad \text{式 (4.46)}$$

$$p_c^n \geqslant 0, \quad q_c^n \geqslant 0, \quad \forall c \in C, \quad \forall n \in N \backslash N_T, \qquad \text{式 (4.47)}$$

$$nsc(s_c^n, \ k_j^n) \geqslant 0, \quad nsp(s_c^n, \ k_j^n) \geqslant 0, \quad \forall n \in N \backslash N_T, \qquad \text{式 (4.48)}$$

式（4.46）表示资产的存量和买入量均不为负；式（4.47）表示外汇市场上交易量恒不为负；式（4.48）表示投资者只买入而不卖出期权。

（7）投资组合价值、收益、损失与超额损失的度量：

$$R_n = \frac{V_n}{V_0} - 1, \quad \forall n \in N_T, \qquad \text{式 (4.49)}$$

$$L_n = -R_n, \quad \forall n \in N_T, \qquad \text{式 (4.50)}$$

$$y_n \geqslant L_n - z, \quad y_n \geqslant 0, \quad \forall n \in N_T, \qquad \text{式 (4.51)}$$

$$V_n = \sum_{c \in C} e_c^n \left(\sum_{i \in I_c} w_c^{p(n)} p_{ic}^n - \frac{o_c^{p(n)}}{f_c^{p(n)}} \right) + \sum_{c \in C} o_c^{p(n)} + \sum_{c \in C} e_c^n \sum_{j \in CO_c}$$

$$\left[nsc(s_c^{p(n)}, \ k_j^{p(n)}) \cdot psc(s_c^n, \ k_j^n) + nsp(s_c^{p(n)}, \ k_j^{p(n)}) \cdot psp(s_c^n, \ k_j^n) \right].$$

$$\text{式 (4.52)}$$

4.3.2　实证研究

4.3.2.1　数据描述和情景生成

本书实证分析从中国投资者角度出发，选取美元、欧元、英镑和日元四种货币作为国际投资的配置币种，在美国、英国、欧元区（以德国市场为代表）和日本的股指市场进行资产配置，同时采用以相应股指为标的的股指期权以此来规避市场风险。人民币对各货币汇率数据来源于DataStream 数据库；美国股指市场以 S&P500 指数为代表，英国股指市场以金融时报 1000 指数为代表，德国股指市场以 DAX30 指数为代表，日本股指市场以日经 225 指数为代表，上述数据来源于万得资讯金融数据库；以相应股指为标的的股指期权交易收盘价格来源于各交易所，S&P500 指数期权收盘价格来源于 http：//www. cmegroup. com，Nikke225 指数期权收盘价格来源于 http：//www. sgx. com，FTSE100 指数期权收盘价格来源 https：//globalderivatives. nyx. com/stock – indices/nyse – liffe，DAX30 指数期权收盘价格来源于 http：//www. eurexchange. com/exchange – en/trading/；美元、英镑、日元的无风险收益率由三个月期国库券收益率代表，欧元的无风险收益率由三个月期伦敦银行间拆借利率代表，人民币无风险收益率用一年期存款利率代表，上述利率数据来源于 http：//www.econstats.com；以上时间序列均为日度数据。由于各市场节假日不同，因此笔者仅保留所有市场都开放的日期数据。将上述日度数据取对数后再按月取平均转化成收益率月度数据。

情景生成过程和其他参数设置参考 3.2.2.1 节，股指期权定价参考 4.2.2.2 节，不再赘述。

4.3.2.2 股指期权套保效果

（1）收益风险结构比较。首先用正态分布拟合了目标收益率为 2% 时套保组合实际收益率分布情况。如图 4-18 所示，不论采取何种套保策略，股指期权对投资组合收益风险结构改善效果均显著。其中最优策略效果最为明显，收益率均值增加且分布相对集中，左端尾厚程度降低且整体右移，大大降低了超额损失的可能性和幅度。

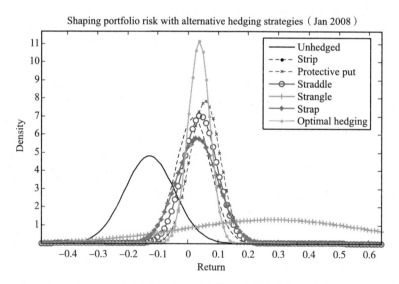

图 4-18 采取不同指数期权策略的最优组合收益率分布比较

注：与未对冲（Unhedge）相比，策略包括保护性看跌策略（Protective put）、对敲策略（Straddle）、反叠做期权策略（Strip）、叠做期权策略（Strap）、宽跨式期权策略（Strangle）和无特定收益结构限制的最优策略（Optimal）。

（2）累积财富比较。接下来，笔者计算了 1 单位国际资产在 2007 年 10 月~2009 年 12 月期间分别采取未套保和不同策略的指数期权对冲市场风险得到的月度财富累积数据。图 4 - 19 显示，采用指数期权对冲市场风险的投资组合的财富积累远大于未使用对冲市场风险策略的投资组合，其中采用最优策略和保护性看跌策略效果最为显著，且采用最优策略的财富增长路径较平稳，在市场下行阶段能够有效对冲各资产的市场风险，在市场复苏阶段能抢先捕捉盈利机会，大幅度提高收益水平。

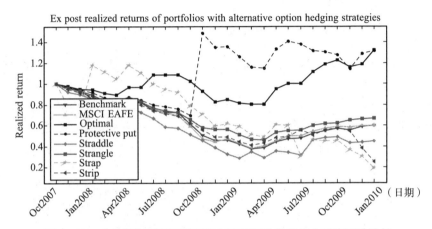

图 4 - 19　未套保和采取不同策略指数期权的最优组合财富累计路径

注：Benchmark 为基准，MSCI EAFE 为股指，策略包括保护性看跌策略（Protective put）、对敲策略（Straddle）、反叠做期权策略（Strip）、叠做期权策略（Strap）、宽跨式期权策略（Strangle）和无特定收益结构限制的最优策略（Optimal）。

表 4 - 13 给出了未套保投资组合和使用不同策略的指数期权套保组合收益率的主要统计指标（包括几何均值、标准差、夏普率、期权收益率和 UP_Ratio），发现指数期权对投资组合改善效果明显，其中不规定收益结构的最优策略对风险收益改善程度最为显著。与基准相比，在市场下行阶段，采用最优策略的投资组合夏普率由负转正，Up_Ratio 提高 6.96 倍，在市场上行阶段，采用最优策略的投资组合夏普率提高 2.56 倍，Up_Ratio 提高 20.56%。

上述结果佐证了引入股指期权对冲市场风险的作用，深入讨论了基于各收益结构的期权策略的套保效果，证实了基于多阶段随机规划模型实现标的资产配置和风险对冲的必要性和有效性。

表 4 –13 采取不同指数期权策略的最优组合收益率主要统计指标

	基准	最优策略	保护性看跌	反叠做期权	叠做期权	宽跨式期权	对敲
市场下行阶段（2007 年 10 月~2009 年 2 月）							
算术均值	− 0.0609	0.0093	− 0.0137	− 0.0560	− 0.0416	− 0.0476	− 0.0661
标准差	0.0656	0.0565	0.2036	0.0440	0.1538	0.0427	0.0893
夏普率	− 0.0004	0.4643	0.1861	− 0.2843	− 0.1997	0.0667	− 0.0907
Up_Ratio	0.4360	3.4710	2.8562	0.6714	0.8799	0.9240	0.4869
市场上行阶段（2009 年 3 月~2009 年 12 月）							
算术均值	0.0467	0.0599	0.01251	− 0.0485	− 0.0981	0.0356	0.0255
标准差	0.0439	0.0644	0.0784	0.1926	0.3122	0.0458	0.1628
夏普率	0.0183	0.0652	− 0.4490	− 0.5165	− 0.4863	− 0.2369	− 0.1323
Up_Ratio	0.5865	0.7071	0.2243	0.0919	0.1542	0.3335	0.4033

4.4 期权组合风险综合管理机制

期权的初衷是套期保值，但是作为衍生金融产品也蕴含着巨大风险。《关于人民币外汇期权交易有关问题的通知》要求开展外汇期权业务需健全期权产品的交易风险管理制度和内部控制制度及适当的风险计量、管理和交易系统；还要求应选择适当和公认的计量方法，基于合理的、符合市场水平的假设前提和参数，准确计量 Δ 头寸，并将外汇期权的 Δ 头寸纳入结售汇综合头寸统一管理。本部分正针对此展开讨论，在 4.2 节模型的基础上进行改进，将对外汇期权 Δ 头寸的管理扩展到其他希腊参数，实现外汇期权组合风险的综合管理，包括整体风险控制和后验优化风险再调整两个方面。相关结果可类比用于 4.3 节的股指期权组合风险管理。

4.4.1 风险管理体系的构建

本书只考虑 Black – Sholes 公式中的五个希腊字母 Δ、Γ、ν、Θ 和 ρ。每个希腊字母表示期权价格随不同参数变化的灵敏度，代表对某一维度风险的度量。其中，Δ 表示外汇期权价格对标的资产价格变动的敏感度。Γ

表示 Δ 对标的资产价格变动的敏感度：如果 Γ 很小，Δ 随标的资产价格的变化就很慢；如果 Γ 的绝对值较大，Δ 对标的资产的价格就相当敏感。ν 表示期权价值关于标的资产波动率的变化率，即当 ν 的绝对值较高时，期权的价值对波动率的微小变化非常敏感；当 ν 的绝对值较低时，波动率对期权价值有相对小的冲击。Θ 是期权价值对时间变动的敏感度。ρ 度量期权价值对无风险利率的敏感度。这样，笔者可以通过每个希腊字母从相应的维度度量期权头寸风险，并通过管理这些希腊字母来控制期权头寸风险。

理论和实践都表明，一个由期权及其标的资产构成的投资组合往往能有效地降低系统风险。为此，笔者考虑为对冲币种 c 汇率风险任一节点 n 处由 m 个期权构成的期权组合 π，令第 i 个期权多头数量为 ω_i，第 i 个期权空头数量为 ω_{m+i}。构成投资组合的各个期权相应的希腊参数为 $\Delta_{c,i}^n$、$\Gamma_{c,i}^n$、$\nu_{c,i}^n$、$\Theta_{c,i}^n$ 和 $\rho_{c,i}^n$，则该期权组合的希腊参数可表示为：

$$\Delta_{c,\pi}^n = \sum_{i=1}^m \omega_i \Delta_{c,i}^n - \sum_{i=1}^m \omega_{m+i} \Delta_{c,i}^n, \qquad \text{式 (4.53)}$$

$$\Gamma_{c,\pi}^n = \sum_{i=1}^m \omega_i \Gamma_{c,i}^n - \sum_{i=1}^m \omega_{m+i} \Gamma_{c,i}^n, \qquad \text{式 (4.54)}$$

$$\nu_{c,\pi}^n = \sum_{i=1}^m \omega_i \nu_{c,i}^n - \sum_{i=1}^m \omega_{m+i} \nu_{c,i}^n, \qquad \text{式 (4.55)}$$

$$\Theta_{c,\pi}^n = \sum_{i=1}^m \omega_i \Theta_{c,i}^n - \sum_{i=1}^m \omega_{m+i} \Theta_{c,i}^n, \qquad \text{式 (4.56)}$$

$$\rho_{c,\pi}^n = \sum_{i=1}^m \omega_i \rho_{c,i}^n - \sum_{i=1}^m \omega_{m+i} \rho_{c,i}^n. \qquad \text{式 (4.57)}$$

相应的，整个投资组合的希腊参数可表示为：

$$\Delta_{c,h}^n = \Delta_{c,\pi}^n + \Delta_{c,un}^n, \qquad \text{式 (4.58)}$$

$$\Gamma_{c,h}^n = \Gamma_{c,\pi}^n + \Gamma_{c,un}^n, \qquad \text{式 (4.59)}$$

$$\nu_{c,h}^n = \nu_{c,\pi}^n + \nu_{c,un}^n, \qquad \text{式 (4.60)}$$

$$\Theta_{c,h}^n = \Theta_{c,\pi}^n + \Theta_{c,un}^n, \qquad \text{式 (4.61)}$$

$$\rho_{c,h}^n = \rho_{c,\pi}^n + \rho_{c,un}^n, \qquad \text{式 (4.62)}$$

其中，$\Delta_{c,un}^n$、$\Gamma_{c,un}^n$、$\nu_{c,un}^n$、$\Theta_{c,un}^n$ 和 $\rho_{c,un}^n$ 分别为未套保投资组合的希腊参数。

4.4.2　整体风险控制

笔者可以选择适当的期权多空头数量，使得整个投资组合的一个或几个希腊字母是风险中性的。通过设定 $\Delta_{c,h}^{n}=0$，可以得到 $\Delta-$ 中性的投资组合。如果令 $\Delta_{c,h}^{n}=\Gamma_{c,h}^{n}=\nu_{c,h}^{n}=\Theta_{c,h}^{n}=\rho_{c,h}^{n}=0$，可以得到基于全部希腊字母中性的投资组合（Papahristodoulou，2004），这样的组合被认为是具有高精度对抗风险能力。

但是，一般情况下追求五个希腊字母中性的投资组合是没有意义的，主要有三方面原因。

一是希腊参数类型及重要程度不同。比如，由于无风险利率水平比较稳定，相对于影响期权价值的其他因素来说，期权价值对无风险利率变化的敏感程度 ρ 比较小。因此，在市场的实际操作中经常会忽略无风险利率变化对期权价格带来的影响。又如，Θ 是与 Δ 不同类型的对冲参数，时间变量变动是确定的，利用时间对期权组合的作用对冲风险没有意义。再如，随着期权合约到期时间的临近，价内期权和价外期权的 Δ 值会发生歪曲，价内期权的 Δ 值都接近于1，价外期权的 Δ 值都接近于0，对标的汇率价格均非常敏感，此时 Γ 特别重要。

二是基于五个希腊字母中性的投资组合不一定存在，比如 $\Gamma-$ 中性和 $\nu-$ 中性期权组合在实际应用中很难达到。

三是基于五个希腊字母中性的投资组合以降低收益率为代价的。对于外汇期权的买方而言，$\rho_{c,h}^{n}=\rho_{c,\pi}^{n}+\rho_{c,un}^{n}$ 值始终大于零，说明标的汇率波动性的增加将提高外汇期权的价值，投资者将会从价格波动率的上涨中获利；相反，对于外汇期权的卖方而言，其 $\Delta_{c,un}^{n}$ 值始终为负，则希望价格波动率下降。因此，投资者可以通过构建基于 $\Gamma_{c,un}^{n}-$ 中性的外汇期权策略从汇率波动率的变化中寻找盈利机会而不受即期汇率的影响。

考虑到不同的投资者具有特定的风险收益偏好，本书考虑灵活设定投资组合五个希腊字母（绝对）值的上下限，使得希腊字母的（绝对）值分别在可容许的范围内波动，以降低期权价值对某些参数的敏感度同时不排除可能的盈利机会，可表示为：

$$\begin{cases} \Delta^{L} \leqslant \Delta_{c,h}^{n} \leqslant \Delta^{U} \\ \Gamma^{L} \leqslant \Gamma_{c,h}^{n} \leqslant \Gamma^{U} \\ \nu^{L} \leqslant \nu_{c,h}^{n} \leqslant \nu^{U} \\ \Theta^{L} \leqslant \Theta_{c,h}^{n} \leqslant \Theta^{U} \\ \rho^{L} \leqslant \rho_{c,h}^{n} \leqslant \rho^{U} \end{cases} \qquad 式（4.63）$$

如果 $\Delta^{L}=\Delta^{U}=0$，恰好对应 $\Delta-$ 中性，不断增加 Δ^{L}，Δ^{U} 的绝对值可逐步

放松对 Δ 的约束，提升盈利空间，若 $\Delta^L \to -\infty$，$\Delta^U \to +\infty$，则该参数度量的风险被投资者所忽略。其他希腊参数类似。

因此，整体风险控制对外汇期权对冲汇率风险模型改进可以通过增加关于投资组合风险头寸的约束来实现，以下简称模型 I，表示如下：

$$\min \text{CVaR}_\alpha = z + \frac{1}{1-\alpha} \sum_{n \in N_T} p_n y_n, \qquad \text{式（4.64）}$$

$$\text{s. t.} \begin{cases} \Delta^L \leqslant \Delta_{c,h}^n \leqslant \Delta^U \\ \Gamma^L \leqslant \Gamma_{c,h}^n \leqslant \Gamma^U \\ \nu^L \leqslant \nu_{c,h}^n \leqslant \nu^U \quad , \quad \forall c \in C, \; \forall n \in N \backslash N_T, \qquad \text{式（4.65）} \\ \Theta^L \leqslant \Theta_{c,h}^n \leqslant \Theta^U \\ \rho^L \leqslant \rho_{c,h}^n \leqslant \rho^U \end{cases}$$

及式（4.10）~式（4.12）、式（4.17）~式（4.20）、式（4.23）~式（4.31）和式（4.33）。

本节所提出的整体风险控制，一方面改进了帕帕里斯惕杜卢（Papahristodoulou，2004）的模型，基于投资者风险偏好调节五个希腊参数的变动范围，实现了盈利机会和风险控制的完美匹配，另一方面在多阶段随机规划模型框架下拓展了 Gao（2009）的研究，充分考虑到金融市场未来不确定性和标的资产随机波动对希腊参数值的影响。因此帕帕里斯惕杜卢（Papahristodoulou，2004）和高（Gao，2009）的模型是本书所提出的全面风险管理体系在单期静态条件下的特例，本节是帕帕里斯惕杜卢（Papahristodoulou，2004）和高（Gao，2009）的模型在不确定环境下动态套保的推广。

4.4.3 后验优化风险再调整

为什么要考虑后验优化风险再调整？若投资者盲目乐观，必要收益率设定过高，则最优资产配置及期权套保策略会使得投资组合风险暴露头寸过大。一旦市场状况大幅逆转，与投资者期望相违，会给投资者财富造成巨大损失，仅最小化 CVaR 值是不够的。因此有必要对期权组合风险头寸进行后验优化再调整，适当降低投资组合收益率来满足投资者对风险的要求。

根据线性规划的理论，模型 I 中目标函数 CVaR 值随参数的变化而变化，会形成一系列仿射变换的超平面。给定 CVaR_0 值满足 $\text{CVaR}^* \leqslant \text{CVaR}_0$，则由 $\text{CVaR} \leqslant \text{CVaR}_0$ 形成的半空间和模型 1 的可行解空间的交集

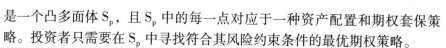

是一个凸多面体 S_p，且 S_p 中的每一点对应于一种资产配置和期权套保策略。投资者只需要在 S_p 中寻找符合其风险约束条件的最优期权策略。

基于以上理论，拓展高（2009）的思路，后验优化风险再调整表示如下优化模型，定义为模型 II ：

$$\min \sum_{i=1}^{n} \phi_i \left[\lambda_i^{c,n} \theta_{2i-1}^{c,n} + (1 - \lambda_i^{c,n}) \theta_{2i}^{c,n} \right], \qquad 式（4.66）$$

$$s.\ t.\ z + \frac{1}{1-\alpha} \sum_{n \in N_T} p_n y_n \leq CVaR_0, \qquad 式（4.67）$$

及式（4.10）~式（4.12）、式（4.17）~式（4.20）、式（4.23）~式（4.31）和式（4.33）。其中，$\phi_i(i = 1, 2, 3, 4, 5)$ 分别代表五个希腊参数 Δ、Γ、ν、Θ 和 ρ 相应的权重，满足 $0 \leq \phi_i \leq 1$，$\sum_{i=1}^{5} \phi_i = 1$。通过调整五个希腊参数相应的权重，可以得到基于不同权重希腊参数组合风险约束的期权策略。权重越大，表明投资者对该参数度量的风险厌恶程度越高。特别的，如果 CVaR，投资者对各影响投资组合价值的因素全面考量且关注程度相当；如果 $\phi_i = \frac{1}{5}$，投资者对各影响投资组合价值的因素全面考量且关注程度相当；如果 $\phi_1 = 1$，$\phi_{2,3,4,5} = 0$ 则投资者在制定期权策略时仅考虑投资组合 Δ 值的变动，即标的资产价格对投资组合价值的影响。其他参数分别定义如下：

$$\lambda_1 = \frac{\Delta^U}{\Delta^U - \Delta^L}, \quad \lambda_2 = \frac{\Gamma^U}{\Gamma^U - \Gamma^L}, \quad \lambda_3 = \frac{\nu^U}{\nu^U - \nu^L}, \quad \lambda_4 = \frac{\Theta^U}{\Theta^U - \Theta^L}, \quad \lambda_5 = \frac{\rho^U}{\rho^U - \rho^L},$$

$$\theta_1 = \Delta^U - \Delta_{c,h}^n \geq 0, \quad \theta_2 = \Delta_{c,h}^n - \Delta^L \geq 0, \quad \theta_3 = \Gamma^U - \Gamma_{c,h}^n \geq 0, \quad \theta_4 = \Gamma_{c,h}^n - \Gamma^L \geq 0,$$

$$\theta_5 = \nu^U - \nu_{c,h}^n \geq 0, \quad \theta_6 = \nu_{c,h}^n - \nu^L \geq 0, \quad \theta_7 = \Theta^U - \Theta_{c,h}^n \geq 0, \quad \theta_8 = \Theta_{c,h}^n - \Theta^L \geq 0,$$

$$\theta_9 = \rho^U - \rho_{c,h}^n \geq 0, \quad \theta_{10} = \rho_{c,h}^n - \rho^L \geq 0.$$

本部分对模型 II 进行实证分析，讨论考虑整体风险控制对外汇期权套保组合财富累积的影响。结果表明，考虑整体风险控制后，虽然累积财富增长速率降低，但路径更为稳定，最大财富损失减少。

笔者首先将随机动态规划模型基于五个希腊字母中性的最优策略与帕帕里斯惕杜卢（Papahristodoulou，2004）的静态策略做了详细比较，结果如图 4–20 所示。不论对于 Δ–中性还是 Δ–ν 策略，随机动态规划模型显著优于静态模型，表现在累积财富市场下行阶段损失的减少以及在市场上行阶段的快速恢复及巨大盈利空间。以 Δ–ν 策略为例，累积财富由损失幅度超过 20% 变为增长幅度接近 20%，月度实际收益水平由 –1.08% 提高至 0.54%，夏普率增加 70.35%，套保效率提高 27.60%。

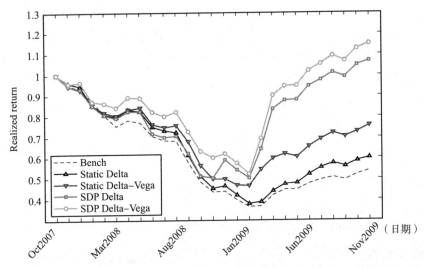

图4-20 基于全面风险管理的外汇期权套保组合财富累积比较

注: Bench 为基准，策略包括静态 Δ(Static Delta)、静态 $\Delta - \nu$(Static Delta - Vega)、随机规划 Δ(Static Delta)、随机规划 $\Delta - \nu$(Static Delta - Vega) 策略。

接着笔者将随机动态规划模型与传统的动态模型的三种策略做了对比，结果参见表4-14。基于随机动态规划模型的月度实际收益率分别较基于传统的动态模型三种策略的月度实际收益率提高 7.71、3.92、4.37 倍，夏普率分别增加 59.31%、38.20%、42.43%，套保效率分别提升 34.26%、22.09%、3.62%。这一结果佐证了未考虑金融市场未来不确定性及随机波动性对最优资产配置及期权套保策略的影响，证实了基于情景树对未来市场状态及时变参数进行刻画的必要性和有效性。

表4-14   基于全面风险管理的不同策略外汇期
权套保组合收益率主要统计指标

	中性策略	实际收益率	夏普率	套保率	套保效率1	套保效率2
基准	-0.0238	—	—	—	—	—
静态	Δ	-0.0195	0.0545	0.5747	0.3568	0.6074
	$\Delta - \nu$	-0.0108	0.1747	0.5902	0.4919	0.4256
	全部希腊字母	-0.0026	0.1439	0.5678	0.2580	-0.0981

续表

	中性策略	实际收益率	夏普率	套保率	套保效率1	套保效率2
动态	$\Delta - \nu$	0.0007	0.1868	0.6167	0.5785	-0.2399
	$\Delta - \Gamma$	0.0013	0.2403	0.6716	0.5161	-0.2793
	$\Delta - \Theta$	0.0019	0.2477	0.6717	0.4941	-0.4580
随机规划	$\Delta - \nu$	0.0054	0.2976	0.9251	0.7767	-0.5833
	$\Delta - \Gamma$	0.0051	0.3321	0.7531	0.6301	-0.3286
	$\Delta - \Theta$	0.0083	0.3528	0.7223	0.5120	-0.5105
	全部希腊字母	0.0025	0.2524	0.9654	0.5678	-0.3939

4.4.4 考虑后验优化风险再调整的外汇期权套保效果

本部分对基于后验优化风险调整的不同约束范围的外汇期权套保组合财富累积进行比较。表4-15详细地列出了其收益率的主要统计指标，结果表明基于后验优化再调整不断放松风险约束后，各指标均得到了显著改善。因此，模型Ⅱ可以作为套保组合后验优化风险调整的参考方案。图4-21~图4-23结果显示，分别不断放松对Γ，ν，Θ的风险约束并结合后验优化再调整，使得在市场下行阶段累积财富损失大大降低，同时在市场上行阶段增长大幅稳步增加。

表4-15　　　　基于后验优化风险调整的不同约束范围外汇期
权套保组合收益率主要统计指标

	中性	约束范围1	约束范围2	约束范围3	约束范围4	约束范围5
Γ						
几何均值	0.0088	0.0304	0.0443	0.0713	0.0663	0.0758
标准差	0.0881	0.1351	0.1783	0.2528	0.1934	0.2483
夏普率	0.3698	0.4012	0.3821	0.3762	0.4660	0.4012
UP_ratio	1.0940	1.7628	1.9920	2.9268	2.5847	2.9298
ν						
几何均值	0.0113	0.0102	0.0156	0.0243	0.0291	0.0273
标准差	0.1202	0.1059	0.1392	0.1536	0.1665	0.1279

基于随机规划模型的国际资产战略配置研究

续表

	中性	约束范围1	约束范围2	约束范围3	约束范围4	约束范围5
夏普率	0.2921	0.3214	0.2830	0.3132	0.3179	0.3991
UP_ratio	1.2374	1.4188	1.2898	1.4748	1.5224	2.5075
Θ						
几何均值	0.0125	0.0158	0.0163	0.0333	0.0511	0.0666
标准差	0.0960	0.1096	0.1087	0.1166	0.1847	0.2021
夏普率	0.3780	0.3615	0.3690	0.4902	0.4054	0.4470
UP_ratio	1.2362	1.3535	1.4082	2.4649	2.7329	3.2613

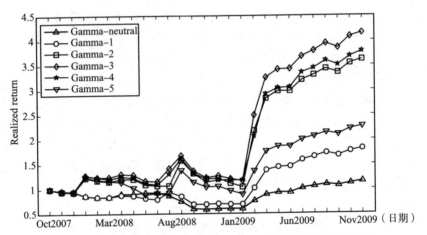

图4-21　基于后验优化风险调整的不同约束范围外汇期权套保
组合的财富累积比较——Gamma

注：策略包括 Gamma 中性（Gamma-neutral）、及 Gamma 1~5 策略。

综上所述，本节借鉴帕帕里斯惕杜卢（Papahristodoulou，2004）和高（Gao，2009）以静态模型综合考虑参数敏感度的思路，在动态随机环境下实现以希腊字母度量的外汇期权全部敏感度的综合风险管理。实证结果表明，对于人民币外汇期权全部敏感度的综合风险管理在整个投资期能够显著提高套期保值效率。

基于以上结论，笔者提出如下政策建议：应建立人民币外汇期权组合的综合风险管理理念，建立与完善人民币外汇期权风险计量方法、风险反馈渠道和期权组合的动态调整机制。

114

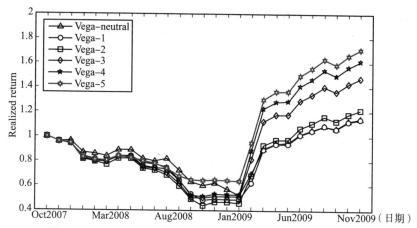

图 4 – 22 基于后验优化风险调整的不同约束范围外汇期权套保组合的财富累积比较——Vega

注：策略包括 Vega 中性（Vega-neutral）及 Vega 1 ~ 5 策略。

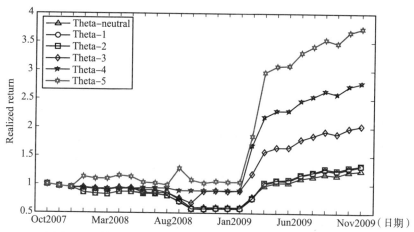

图 4 – 23 基于后验优化风险调整的不同约束范围外汇期权套保组合的财富累积比较——Theta

注：策略包括 Theta 中性（Theta-neutral）及 Theta 1 ~ 5 策略。

4.5 本 章 小 结

　　本章就传统金融类资产国际化长期投资中所面临的市场风险和汇率风险管理策略进行了细致讨论。首先论证了人民币指数期货的套保价值和投资价值，在此基础上提出发展人民币指数衍生品的建议。

其次，基于多阶段随机规划模型，本章提出了分别采用股指期权和外汇期权对冲市场风险和汇率风险的套保策略，并就基于各种收益结构的期权策略的套保效果进行了深入讨论；实证分析结果证实了基于多阶段随机规划模型混合配置金融证券和衍生产品的有效性，可以在对冲相关风险的同时获得较高的目标收益。

最后，针对长期以来没有解决的期权套保所涉及的整体风险控制问题，本章提出了在随机规划的约束条件中适度调整全部 5 个希腊字母度量约束程度的思路，形成了涵盖全部期权敏感度的整体风险控制与后验优化风险再调整相结合的综合管理机制，实现了收益增长和风险规避的有效匹配。

第 5 章

结论与展望

在战略思维的引导下，本书多角度有重点地研究了国际资产战略配置的模型方法与运作策略。本书的主要创新点在于：提出了基于情景分析的金融资产和衍生产品混合配置的多阶段随机规划模型，实现了传统金融资产的动态积极调整策略，同时形成了包含整体风险控制和后验优化风险再调整的衍生产品组合风险综合管理机制，达成风险和收益的有效匹配。运用理论分析与实证分析相结合的方法论，在以下三方面获得新的认识：

第一，提出国际资产长期动态配置的多阶段随机规划模型。模型采用离散情景树刻画各资产投资收益率与币种间汇率变动的不确定性，将投资者对于国际投资战略性、安全性、流动性、收益性的要求统一纳入动态模型的约束条件中。针对权益类资产和主权债券类资产分别建模，得到了各资产的动态配置比例，获得了操作性强的动态配置策略。在市场风险有效控制的前提下，提升了收益水平，在长期投资中实现了收益与风险的合理匹配。

第二，提出在国际股票指数与债券指数的投资组合中以人民币指数期货综合对冲汇率风险的新思路。实证结果支持了这一思路的有效性，对比货币期货篮子的套保策略，人民币指数期货的综合套保具有较高的套保效率，在市场极端状况时能保持相对稳定，对于下行风险可以收到突出的套保效果；在积极交易策略的指导下，人民币指数期货的套保与投资效果更佳。

第三，提出国际证券类资产与金融衍生品混合配置的风险对冲策略。基于多阶段随机规划模型的实证分析表明，在既定收益目标下，在股指与债指的组合中加入指数期权可以有效对冲市场风险，而加入相关币种的外汇期权组合可以有效对冲汇率风险。

基于上述结论，笔者提出如下政策建议：

第一，对主权财富基金和国有控股的海外长期投资基金确立战略性、安全性、流动性和收益性的指导思想，对于外汇储备的组合投资也要考虑战略性配置。

第二，发展人民币指数产品，健全金融衍生产品体系，在主权财富基金和 QDII 的海外投资中，试行股指期权、外汇期权、人民币指数期货与期权的组合匹配，以有效控制系统性风险。

第三，包括商业银行在内的金融机构应当大力研发含商品资产和金融衍生品资产的海外组合投资产品，开展具有动态调整特性的策略创新。

国际资产的战略配置是一个具有研究价值的新方向。在经济不确定性的刻画、情景树生成技术改进、衍生产品的对冲效率评估、动态调整的时机选择、国际市场系统性风险的综合控制等方面需要更深入的研究，而伴随中国经济增长模式转型和人民币国际化的历史进程，我们也将面临新的挑战。

参 考 文 献

［1］陈小新. 全球市场环境下中国投资者资产配置管理研究 ［D］. 同济大学，博士论文，2008.

［2］陈雨露，张成思. 全球新型金融危机与中国外汇储备管理的战略调整 ［J］. 国际金融研究，2008，25（11）：1-4.

［3］邓燊. 基于经济周期的资产配置研究 ［D］. 上海交通大学，博士论文，2008.

［4］范龙振. 短期利率模型在上交所债券市场上的实证分析 ［J］. 管理科学学报，2007，10（4）：80-89.

［5］高洁. 主权财富基金论 ［M］. 中国金融出版社，2010.

［6］韩立岩，崔旻抒. 人民币指数美式期货期权定价研究 ［J］. 管理科学学报，2010，13（2）：50-63.

［7］韩立岩，刘兰芬. 人民币指数及其信息价值 ［J］. 世界经济，2008，31（12）：62-72.

［8］韩立岩，王允贵. 人民币外汇衍生品市场：路径与策 ［M］. 科学出版社，2009.

［9］韩立岩，尤苗. 主权财富基金的战略价值——基于国民效用与风险对冲的视角 ［J］. 经济研究，2012，47（6）：88-100.

［10］何帆，陈平. 外汇储备的积极管理：新加坡、挪威的经验与启示. 国际金融研究，2006，23（6）：4-13.

［11］洪永淼，林海. 中国市场利率动态研究——基于短期国债回购利率的实证分析 ［J］. 经济学季刊，2006，5（2）：511-532.

［12］孔立平. 全球金融危机下中国外汇储备币种构成的选择 ［J］. 国际金融研究，2010，27（3）：64-72.

［13］李扬，余维彬，曾刚. 经济全球化背景下的中国外汇储备管理体制改革 ［J］. 国际金融研究，2007，24（4）：4-12.

［14］刘澜飚，张靖佳. 中国外汇储备投资组合选择——基于外汇储

备循环路径的内生性分析 [J]. 经济研究, 2012, 47 (4): 137 – 148.

[15] 唐革榕, 朱峰. 我国国债收益率曲线变动模式及组合投资策略研究 [J]. 金融研究, 2003, 35 (11): 64 – 72.

[16] 王平. 考虑下侧风险的资产配置 [D]. 天津大学, 博士论文, 2008.

[17] 王永中. 中国外汇储备的构成、收益与风险 [J]. 国际金融研究, 2011, 28 (1): 44 – 52.

[18] 王志强, 康书隆. Nelson – Siegel 久期配比免疫模型的改进与完善 [J]. 数量经济技术经济研究, 2010, 27 (12): 133 – 147.

[19] 谢平, 陈超. 论主权财富基金的理论逻辑 [J]. 经济研究, 2009, 44 (2): 4 – 17.

[20] 徐永林, 张志超. 外汇储备币种结构管理: 国际研究综述 [J]. 世界经济, 2010, 33 (9): 3 – 11.

[21] 余文龙, 王安兴. 货币市场利率的跳跃行为及影响因素实证分析 [J]. 南方经济, 2009 (11): 22 – 35.

[22] 余文龙, 王安兴. 基于动态 Nelson – Siegel 模型的国债管理策略分析 [J]. 经济学季刊, 2010, 9 (4): 1403 – 1426.

[23] 余永定. 国际货币体系改革和中国外汇储备资产保值 [J]. 国际经济评论, 2009, (5 – 6): 12 – 18.

[24] 张斌, 王勋, 华秀萍. 中国外汇储备的名义收益率和真实收益率 [J]. 经济研究, 2010, 45 (10): 115 – 128.

[25] 张继强. 债券利率风险管理的三因素模型 [J]. 数量经济技术经济研究, 2004, 21 (1): 62 – 67.

[26] 张明. 全球金融危机背景下中国主权财富基金投资行为的转变 [J]. 国际经济评论, 2010 (5): 99 – 109.

[27] 张世贤, 徐雪. 我国主权财富基金的投资方向选择问题——基于国家利益原则的战略视角 [J]. 中国工业经济, 2009 (7): 76 – 86.

[28] 张燕生, 张岸元, 姚淑梅. 现阶段外汇储备的转化与投资策略研究 [J]. 世界经济, 2007, 30 (7): 3 – 11.

[29] 周子康, 王宁, 杨衡. 中国国债利率期限结构模型研究与实证分析 [J]. 金融研究, 2008, 40 (3): 131 – 150.

[30] 周荣喜, 王晓光. 基于多因子仿射利率期限结构模型的国债定价 [J]. 中国管理科学, 2011, 19 (4): 26 – 30.

［31］朱孟楠，陈晞，王雯．全球金融危机下主权财富基金：投资新动向及其对中国的启示［J］．国际金融研究，2009，26（4）：4－10．

［32］朱世武，陈健恒．交易所国债利率期限结构实证研究［J］．金融研究，2003，35（10）：63－73．

［33］朱世武，李豫，董乐．交易所债券组合动态套期保值策略研究［J］．金融研究，2004，36（9）：65－76．

［34］Aït－Sahalia Y. , Brandt M. W. Variable selection for portfolio choice［J］. The Journal of Finance, 2001, 56（4）: 1297－1351.

［35］Albuquerque R. Optimal currency hedging［J］. Global Finance Journal, 2007, 18（1）: 16－33.

［36］Artzner P. , Delbaen F. , Eber J. Coherent Measures of Risk［J］. Mathematical Finance, 1999, 9（3）: 203－228.

［37］Babbel D. F. Asset/liability management for insurers in the new era: Focus on value［J］. The Journal of Risk Finance, 2001, 3（1）: 9－17.

［38］Bajeux－Besnainou I. , Jordan J. V. , Portait R. An asset allocation puzzle: comment［J］. The American Economic Review, 2001, 91（4）: 1170－1179.

［39］Balding C. A Portfolio Analysis of Sovereign Wealth Funds［EB/OL］. Working paper, HSBC School of Business, http://ssrn. com/abstract = 1141531, 2008.

［40］Barbary V. C. , Bortolotti B. Taming Leviathan: Foreign Investment, Political Risk and a Regulatory Framework for Sovereign Wealth Funds［EB/OL］. Working paper, Paolo Baffi Centre, http://ssrn. com/abstract = 1878373, 2011.

［41］Barberis N. C. Investing for the long run when returns are predictable［J］. The Journal of Finance, 2000, 55（1）: 225－264.

［42］Beder T. VaR: Seductive but Dangerous［J］. Financial Analysts Journal, 1995, 51（5）: 12－25.

［43］Beltratti A. , Consiglio A. , Zenios S. A. Scenario modeling for the management of international bond portfolios［J］. Annals of Operations Research, 1999, 85: 227－247.

［44］Benet B. A. , Luft C. F. Hedge performance of SPX index options and S&P 500 futures［J］. Journal of Futures Markets, 1995, 15（6）: 691－

717.

[45] Bertocchi M. , Moriggia V. , Dupacová J. Horizon and stages in applications of stochastic programming in finance [J]. Annals of Operations Research, 2006, 142 (1): 63 – 78.

[46] Bhargava V. , Clark, J. M. Pricing U. S. Dollar Index Futures Options: An Empirical Investigation [J]. Financial Review, 2003, 38 (4): 571 – 590.

[47] Boender G. C. E. A hybrid simulation/optimisation scenario model for asset/liability management [J]. European Journal of Operational Research, 1997, 99 (1): 126 – 135.

[48] Boulier J. F. , Huang S. J. , Taillard G. Optimal management under stochastic interest rates: the case of a protected defined contribution pension fund [J]. Insurance: Mathematics and Economics, 2001, 28 (2): 173 – 189.

[49] Bradley S. P. , Crane D. B. A dynamic model for bond portfolio management [J]. Management Science, 1972, 19 (2): 139 – 151.

[50] Brandt M. W. Estimating portfolio and consumption choice: A conditional Euler equations approach [J]. The Journal of Finance, 1999, 54 (5): 1609 – 1645.

[51] Brennan M. J, Schwartz E S, Lagnado R. Strategic asset allocation [J]. Journal of Economic Dynamics and Control, 1997, 21 (8): 1377 – 1403.

[52] Brennan M. J. , Xia Y. H. Stochastic interest rates and the bond-stock mix [J]. European Finance Review, 2000, 4 (2): 197 – 210.

[53] Brennan M. J. , Xia Y. H. Dynamic asset allocation under inflation [J]. The Journal of Finance, 2002, 57 (3): 1201 – 1238.

[54] Buckley P. , Casson M. The Future of the Multinational Enterprise (Vol. 1), London: Macmillan, 1976.

[55] Cairns S. D. A revision of the shallow-water Azooxanthellate Scleractinia of the western Atlantic. Revisión de los corales azooxantelados (Scleractinia) de las aguas someras del Atlántico occidental [J]. Studies, 2000, 75: 1 – 231.

[56] Campbell J. Y, Chacko G. , Rodriguez J. , et al. Strategic asset al-

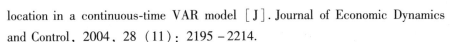
location in a continuous-time VAR model [J]. Journal of Economic Dynamics and Control, 2004, 28 (11): 2195 – 2214.

[57] Campbell, J. Y. , Chan, Y. L. , Viceira, L. M. A multivariate model of strategic asset allocation [J]. Journal of Financial Economics, 2003, 67 (1): 41 – 80.

[58] Campbell J. Y. , Shiller, R. J. The dividend-price ratio and expectations of future dividends and discount factors [J]. Review of Financial Studies, 1988, 1 (3): 195 – 228.

[59] Campbell J. , Shiller, R. J. Yield spreads and interest rate movements: a bird's eye view [J]. Review of Economic Studies, 1991, 57 (3): 495 – 514.

[60] Campbell J. Y, Viceira L. M. Consumption and portfolio decisions when expected returns are time varying [J]. The Quarterly Journal of Economics, 1999, 114 (2): 433 – 495.

[61] Campbell J. Y. , Viceira L. M. Who should buy long term bonds? [J]. American Economic Review, 2001, 87: 181 – 191.

[62] Campbell J. Y. , Viceira L. M. Strategic asset allocation: Portfolio choice for long-term investors [M]. New York: Oxford University Press, 2002.

[63] Canner N. , Mankiw, N. G. , Weil, D. N. An asset allocation puzzle [J]. American Economic Review, 1997, 87: 181 – 191.

[64] Carino D. R. , Kent T. , Myers D. H. , et al. The Russell – Yasuda Kasai model: An asset/liability model for a Japanese insurance company using multistage stochastic programming [J]. Interfaces, 1994, 24 (1): 29 – 49.

[65] Carino D. R. , Myers D. H. , Ziemba W. T. Concepts, technical issues, and uses of the Russell – Yasuda Kasai financial planning model [J]. Operations Research, 1998, 46 (4): 450 – 462.

[66] Carino D. R. , Ziemba W. T. Formulation of the Russell – Yasuda Kasai financial planning model [J]. Operations Research, 1998, 46 (4): 433 – 449.

[67] Chacko G. , Viceira L. M. Dynamic consumption and portfolio choice with stochastic volatility in incomplete markets [J]. Review of Financial Studies, 2005, 18 (4): 1369 – 1402.

[68] Chambers D. R. , Charnes A. Inter-temporal analysis and optimiza-

tion of bank portfolios [J]. Management Science, 1961, 7 (4): 393 –410.

[69] Chambers, D. R. , Carleton, W. T. , McEnally, R. W. Immunizing default free bond portfolios with a duration vector [J]. Journal o f Financial and Quantitative Analysis, 1988, 23 (1): 89 – 104.

[70] Chang E. C. , Wong K. P. Cross – Hedging with currency options and futures [J]. Journal of Financial and Quantitative Analysis, 2003, 38 (3): 555 –574.

[71] Chang S. K. , Shanker L. Hedging effectiveness of currency options and currency futures [J]. Journal of Futures Markets, 1986, 6 (2): 289 – 305.

[72] Charnes A. , Cooper W. W. Deterministic equivalents for optimizing and satisficing under chance constraints [J]. Operations Research, 1963, 11 (1): 18 –39.

[73] Charnes A. , Thore S. Planning for liquidity in financial institutions: the chance-constrained method [J]. The Journal of Finance, 1966, 21 (4): 649 – 674.

[74] Christensen J. H. E. , Diebold F. X. , Rudebusch G. D. An arbitrage-free generalized Nelson – Siegel term structure model [J]. Econometrics Journal, Royal Economic Society, 2009, 12 (3): 33 – 64.

[75] Christensen J. H. E. , Diebold F. X. , Rudebusch G. D. The affine arbitrage free class of Nelson – Siegel term structure models [J]. Journal of Econometrics, 2011, 164 (1): 4 – 20.

[76] Clark G. , Monk A. The Oxford survey of sovereign wealth funds' asset managers [EB/OL]. http: //ssrn. com/abstract = 1432078, 2009.

[77] Cohen K. J. , Hammer F. S. Linear programming and optimal bank asset management decisions [J]. The Journal of Finance, 1967, 22 (2): 147 – 165.

[78] Consigli G, Dempster M. A. H. Dynamic stochastic programming for asset-liability management [J]. Annals of Operations Research, 1998, 81: 131 – 162.

[79] Consiglio A. , Zenios S. A. Integrated simulation and optimization models for tracking international fixed income indices [J]. Mathematical Programming, 2001, 89 (2): 311 –339.

[80] Cooper I. A. Asset values, interest rate changes, and duration [J]. Journal of Financial and Quantitative Analysis, 1977, 12 (5): 701 –723.

[81] Cox J. C. , Ingersoll J. E. , Ross, S. A. A theory of the term structure of interest rates [J]. Econometrica, 1985, 53 (2): 385 –407.

[82] Crane D. B. A stochastic programming model for commercial bank bond portfolio management [J]. Journal of Financial and Quantitative Analysis, 1971, 6 (3): 955 –976.

[83] Dai Q. , Singleton K. J. Specification analysis of affine term structure models [J]. The Journal of Finance, 2000, 55 (5): 1943 –1978.

[84] Das D. K. SovereignWealth Funds: the institutional dimension [J]. International Review of Economics, 2009, 56 (1): 85 –104.

[85] Deelstra G. , Grasselli M. , Koehl P. F. Optimal investment strategies in a CIR framework [J]. Journal of Applied Probability, 2000, 37 (4): 936 –946.

[86] De La Grandville O. Bond pricing & portfolio analysis: Protecting investors in the long run [M]. The MIT Press, 2003.

[87] De Lange P. E. , Fleten S. E. , Gaivoronski A. A. Modeling financial reinsurance in the casualty insurance business via stochastic programming [J]. Journal of Economic Dynamics and Control, 2004, 28 (5): 991 –1012.

[88] DeMaskey A. L. A comparison of the effectiveness of currency futures and currency options in the context of foreign exchange risk management [J]. Managerial Finance, 1995, 21 (4): 40 –51.

[89] Dempster M. A. H. , Germano M. , Medova E. A. , et al. Global asset liability management [M]. University of Cambridge, Judge Institute of Management, 2002.

[90] Diebold F. X. , Li C. Forecasting the term structureofgovernment bond yields [J]. Journal of Econometrics, 2006, 130 (2): 337 –364.

[91] Diebold F. X. , Rudebusch G. D. , Aruoba S. B. The macro economy and the yield curve: A dynamic latent factor approach [J]. Journal of Econometrics, 2006, 131 (1 –2): 309 –338.

[92] Dixit A. K. , Pindyck R. S. Investment under uncertainty [M]. Princeton university press, 1994.

[93] Dooley M. P. , Lizondo J. S, Mathieson D. J. The currency composi-

tion of foreign exchange reserves [J]. Staff Papers – International Monetary Fund, 1989, 36 (2): 385 –434.

[94] Duffee G. R. Term premia and interest rate forecasts in affine models [J]. The Journal of Finance, 2002, 57 (1): 405 –443.

[95] Duffie D. , Kan R. A yield-factor model of interest rates [J]. Mathematical Finance, 1996, 6 (4): 379 –406.

[96] Dunning J. H. Trade, location of economic activity and the multinational enterprise: A search for an eclectic approach [M]. The International Allocation of Economic Activity. London: Macmillan, 1977, 395 –418.

[97] Dunning J. H. Toward an eclectic theory of international production: Some empirical tests [J]. Journal of International Business Studies, 1980, 1: 9 –31.

[98] Dunning J. H. Explaining International Production [M]. London: Unwin Hyman, 1988.

[99] Dupacová J. , Bertocchi M. From data to model and back to data: A bond portfolio management problem [J]. European Journal of Operational Research, 2001, 134 (2): 261 –278.

[100] Dupacová J. , Polivka J. Asset-liability management for Czech pension funds using stochastic programming [J]. Stochastic Programming E – Print Series, 2004.

[101] Eichengreen B. J, Mathieson D. J. The currency composition of foreign exchange reserves-retrospect and prospect [M]. International Monetary Fund, 2000.

[102] Eisner M. J, Kaplan R. S, Soden J. V. Admissible decision rules for the E-model of chance-constrained programming [J]. Management Science, 1971, 17 (5): 337 –353.

[103] Elton E. J. , Gruber M. J. , Michaely R. The structure of spot rates and immunization [J]. The Journal of Finance, 1990, 45 (2): 629 –642.

[104] Elton E. J. , Gruber M. J. The rationality of asset allocation recommendations [J]. Journal of Financial and Quantitative Analysis, 2000, 35 (1): 27 –41.

[105] Eun C. S. , Resnick B. G. International equity investment with selective hedging strategies [J]. Journal of International Financial Markets, Insti-

tutions and Money, 1997, 7 (1): 21 –42.

[106] Eytan, T. , Harpaz, G. , Krull, S. The pricing of dollar index futures [J]. Journal of Futures Markets [J]. 1988, (8): 127 – 139.

[107] Fama E. F. Multiperiod consumption-investment decisions [J]. American Economic Review, 1970, 60, 163 – 174.

[108] Fama E. F. , Blis, R. R. The information in long maturity forward rates [J]. American Economic Review, 1987, 77 (4): 680 –692.

[109] Ferstl R. , Weissensteiner A. Cash management using multi-stage stochastic programming [J]. Quantitative Finance, 2010, 10 (2): 209 – 219.

[110] Ferstl R. , Weissensteiner A. Asset-liability management under time-varying investment opportunities [J]. Journal of Banking & Finance, 2011, 35 (1): 182 –192.

[111] Fisher L. , Weil R. L. Coping with the risk of interest rate fluctuations: Returns to bondholders from naive and optimal strategies [J]. The Journal of Business, 1971, 44 (4): 408 –431.

[112] Flyvholm K. Assessing Chile's reserve management. International Monetary Fund, http: //www. imf. org/external/pubs/ft/survey/so/2007/car1126b. htm, 2007.

[113] Ford J. L. , Huang G. The demand for international reserves in China: An ECM model with domestic monetary disequilibrium [J]. Economica, 1994, 67: 379 –397.

[114] Fotak V, Bortolotti B, Megginson W, et al. The financial impact of sovereign wealth fund investments in listed companies [EB/OL]. Working paper, University of Oklahoma and Università di Torino, 2008.

[115] Gao P. W. Options strategies with the risk adjustment [J]. European Journal of Operational Research, 2009, 192 (3): 975 –980.

[116] Garten J. We need rules for Sovereign Funds. The Financial Times, 2007.

[117] Geyer A. , Ziemba W. T. The innovest Austrian pension fund financial planning model InnoALM [J]. Operations Research, 2008, 56 (4): 797 – 810.

[118] Ghosh D. K. Covered arbitrage with currency options: A theoretical

analysis [J]. Global Finance Journal, 2005, 16 (1): 86 – 98.

[119] Gintschel A. , Scherer B. Optimal asset allocation for sovereign wealth funds [J]. Journal of Asset Management, 2008, 9: 215 – 238.

[120] Golub B. , Holmer M. , McKendall R. , Pohlman L. , Zenios S. A. A stochastic programming model for money management [J]. European Journal of Operational Research, 1995, 85 (2): 282 – 296.

[121] Gondzio J. , Kouwenberg R. , Vorst T. Hedging options under transaction costs and stochastic volatility [J]. Journal of Economic Dynamics and Control, 2003, 27 (6): 1045 – 1068.

[122] Grinold, R. C. , Kahn, R. N. (2000). The efficiency gains of long-short investing [J]. Financial Analysts Journal, 56, 40 – 53.

[123] Hancock G. D. , Weise P. D. Competing derivative equity instruments: Empirical evidence on hedged portfolio performance [J]. Journal of Futures Markets, 1994, 14: 421 – 436.

[124] HarpazG. , Krull S. , Yagil J. The efficiency of the U. S. dollar index futures market [J]. Journal of Futures Markets, 1990, 10: 469 – 480

[125] Harrison J. M. , Kreps D. M. Martingales and arbitrage in multiperiod securities markets [J]. Journal of Economic Theory, 1979, 20 (3): 381 – 408.

[126] Heath D. , Jarrow R. , Morton A. Bond pricing and the term structureofinterest rates: A new methodology for contingent claims valuation. Econometrica, 1992, 60 (1): 77 – 105.

[127] Heller H. R, Knight M. D. Reserve-currency preferences of central banks [M]. International Finance Section, Department of Economics, Princeton University, 1978.

[128] Hicks J. R. Liquidity [J]. The Economic Journal, 1962, 72 (288): 787 – 802.

[129] Hilli P. , Koivu M. , Pennanen T. , et al. A stochastic programming model for asset liability management of a Finnish pension company [J]. Annals of Operations Research, 2007, 152 (1): 115 – 139.

[130] Ho T. , Lee S. Term structure movements and pricing interest rate contingent claims. The Journal of Finance, 1986, 41: 1011 – 1029.

[131] Hoyland K. , Wallance S. W. Generating scenario trees for multi-

stage decision problems [J]. Management Science, 2001, 47 (2): 295 - 307.

[132] Hoyland K. , Kaut M. , Wallance S. W. A heuristic for generating scenario trees for multi-stage decision problems [J]. Computational Optimization and Application, 2003, 24 (2 - 3): 295 - 307.

[133] Hsin C. W. , Kuo J. , Lee C. F. A new measure to compare the hedging effectiveness of foreign currency futures versus options [J]. Journal of Futures Markets, 1994, 14 (6): 685 - 707.

[134] Hull J. , White A. Pricing interest rate derivative securities [J]. Review of Financial Studies, 1990, 3 (4): 573 - 592.

[135] Humpage O. F. , Shenk M. Sovereign Wealth Funds [M]. Economic Trends, 2007.

[136] Hymer S. International operations of national firms: A study of direct foreign investment. Doctoral Dissertation, Massachusetts Institute of Technology, 1960.

[137] Jen S. Currencies: The definition of asovereign wealth Fund [R]. NewYork: Morganstanley, 2007.

[138] Johnson G. , Ericson S. , Srimurthy V. An empirical analysis of 130/30 strategies: Domestic and international 130/30 strategies add value over long-only strategies. The Journal of Alternative Investments, 2007, 10: 31 - 42.

[139] Jorion P. Mean-variance analysis of currency overlays [J]. Financial Analyst Journal, 1994, 50 (3): 48 - 56.

[140] Josa - Fombellida R. , Rincón - Zapatero J. P. Optimal risk management in defined benefit stochastic pension funds [J]. Insurance: Mathematics and Economics, 2004, 34 (3): 489 - 503.

[141] Kallberg J. G. , White R. W. , Ziemba W. T. Short term financial planning under uncertainty [J]. Management Science, 1982, 28 (6): 670 - 682.

[142] Kern S. Sovereign Wealth Funds-state Investments on the rise [R]. Deutsche Bank Research, 2007.

[143] Kim D. H. , Orphanides A. Term structure estimation with survey data on interest rate forecasts. CEPR Discussion Paper, Board of Governors of

the Federal Reserve System, 2005.

[144] Kim T. S, Omberg E. Dynamic nonmyopic portfolio behavior [J]. Review of financial studies, 1996, 9 (1): 141 –161.

[145] Kimmitt R. M. In praise of foreign investment [J]. International Economy, 2008, 22 (2): 62.

[146] Klassen P. Comment on generating scenario trees for multistage decisions problems [J]. Management Science, 2002, 48: 1512 –1516.

[147] Korn R, Trautmann S. Optimal control of option portfolios and applications [J]. OR Spectrum, 1999, 21: 123 –146.

[148] Korsvold P. E. Hedging efficiency of forward and option currency contracts [R]. http: //ideas. repec. org/p/syd/wpaper/2123 – 7421. html, 1994.

[149] Kosmidou K., Zopoundis C. Combining goal programming model with simulation analysis for bank asset liability management [J]. Infor – Information Systems and Operational Research, 2004, 42 (3): 175 –188.

[150] Kouwenberg R. Scenario generation and stochastic programming models for asset liability management [J]. European Journal of Operational Research, 2001, 134 (2): 279 –292.

[151] Kraft H. Optimal portfolios and Heston's stochastic volatility model: an explicit solution for power utility [J]. Quantitative Finance, 2005, 5 (3): 303 –313.

[152] KrullS., Rai A. Optimal weights and international portfolio hedging with U. S. Dollar Index Futures: An empirical investigation [J]. The Journal of Futures Markets, 1992, (12): 549 –563.

[153] Kusy M. I., Ziemba W. T. A bank asset and liability management model [J]. Operations Research, 1986, 34 (3): 356 –376.

[154] Lien D., Tse Y. K. Hedging downside risk: futures vs. options [J]. International Review of Economics & Finance, 2001, 10 (2): 159 – 169.

[155] Lintner J. The valuation of risky assets and the selection of risky investment in stock portfolios and capital budgets [J]. Review of Economics and Statistics, 1965, 47: 103 –124.

[156] Liu J. Portfolio selection in stochastic environments [J]. Review of

Financial Studies, 2007, 20 (1): 1 –39.

[157] Longstaff F. , Schwartz E. Interest rate volatility and the term structure: A two-factor general equilibrium model. The Journal of Finance, 1992, 47: 1259 –1282.

[158] Lowery C. Sovereign wealth funds and the international financial system [A]. in Conference Proceedings: Conference on the Asian Financial Crisis Revisited [C]. The Federal Reserve Bank of San Francisco: US Treasury, 2007.

[159] Markowitz H. Portfolio selection [J]. The Journal of Finance, 1952, 7: 77 –91.

[160] Maurer R, Valiani S. Hedging the exchange rate risk in international portfolio diversification: Currency forwards versus currency options [J]. Managerial Finance, 2007, 33 (9): 667 –692.

[161] McKay R. , Keefer T. VaR is a Dangerous Technique. Corporate Finance Searching for Systems Integration Supplement, 1996, 9, 30.

[162] Medova E. A. , Murphy J. K. , Owen A. P. , et al. Individual asset liability management [J]. Quantitative Finance, 2008, 8 (6): 547 –560.

[163] Merton R. C. Lifetime portfolio selection under uncertainty: The continuous time case [J]. Review of Economics and Statistics, 1969, 51: 247 –257.

[164] Merton R. C. Optimum consumption and portfolio rules in a continuous time model [J]. Journal of Economic Theory, 1971, 3: 373 –413.

[165] Merton R. C. An intertemporal capital asset pricing model [J]. Econometrica, 1973, 41: 867 –887.

[166] Mossin J. Equilibrium in a capital asset market [J]. Econometrica: Journal of the Econometric Society, 1966, 34 (4): 768 –783.

[167] Mossin J. Aspects of rational insurance purchasing [J]. Journal of Political Economy, 1968, 76 (3): 553 –568.

[168] Mulvey J. M. Generating scenarios for the Towers Perrin investment system [J]. Interfaces, 1996, 26 (2): 1 –15.

[169] Mulvey J. M. , Gould G. , Morgan C. An asset and liability management system for Towers Perrin – Tillinghast [J]. Interfaces, 2000, 30

(1): 96 - 114.

[170] Mulvey J. M. , Shetty B. Financial planning via multi-stage stochastic optimization [J]. Computers & Operations Research, 2004, 31 (1): 1 - 20.

[171] Mulvey J. M, Vladimirou H. Stochastic network programming for financial planning problems [J]. Management Science, 1992, 38 (11): 1642 - 1664.

[172] Munk C. , Sørensen C. Optimal consumption and investment strategies with stochastic interest rates [J]. Journal of Banking & Finance, 2004, 28 (8): 1987 - 2013.

[173] Murtagh B. A. Optimal use of currency options. Omega [J]. 1989, 17 (2): 189 - 192.

[174] Nelson, C. R. , Siegel, A. F. Parsimonious modeling of yield curves. The Journal of Business, 1987, 60 (4): 473 - 489.

[175] Nielsen S. S. , Poulsen R. A two-factor, stochastic programming model of Danish mortgage-backed securities. Journal of Economics Dynamics & Control, 2004, 28 (7): 1267 - 1289.

[176] OECD. Sovereign wealth funds and recipient country policies. Investment Committee Report, 4, April, 2008.

[177] Ogŭzsoy C. B. , Güven S. Bank asset and liability management under uncertainty [J]. European Journal of Operational Research, 1997, 102 (3): 575 - 600.

[178] Omberg E. Non-myopic asset-allocation with stochastic interest rates [J]. San Diego State University, Working paper, 1999.

[179] Papahristodoulou C. Option strategies with linear programming [J]. European Journal of Operational Research, 2004, 157 (1): 246 256.

[180] Vasicek, O. An Equilibrium characterization of the term structure [J]. Journal of Financial Economics, 1977, 5 (2): 177 - 188.

[181] Wachter J. A. Portfolio and consumption decisions under mean-reverting returns: An exact solution for complete markets [M]. New York University Salomon Center, Leonard N. Stern School of Business, 2002.

[182] Wachter J. A. Risk aversion and allocation to long-term bonds [J]. Journal of Economic Theory, 2003, 112 (2): 325 - 333.

［183］ Ware R. , Winter R. Forward markets, currency options and the hedging of foreign exchange risk ［J］. Journal of International Economics, 1988, 25 （3 −4）: 291 −302.

［184］ Wu J. , Sen S. A stochastic programming model for currency option hedging ［J］. Annals of Operational Research, 2000, 100 （1 − 4）: 227 − 250.

［185］ Rasmussen K. M. , Clausen J. Mortgage loan portfolio optimization using multi-stage stochastic programming ［J］. Journal of Economics Dynamics & Control, 2007, 31 （3）: 742 −766.

［186］ Rockafellar R. T. , Uryasev S. Optimization of conditional Value-at − Risk ［J］. The Journal of Risk, 2000, 2: 21 −41.

［187］ Rockafellar R. T. , Uryasev S. Conditional Value-at − Risk for general loss distribution ［J］. Journal of Banking and Finance, 2002, 26 （7）: 1443 − 1471.

［188］ Ross S. M. An elementary introduction to mathematical finance: options and other topics ［M］. China Machine Press, 2004.

［189］ Samuelson P. A. Risk and uncertainty: A fallacy of large numbers ［J］. Scientia, 1963, 98: 108 − 113.

［190］ Samuelson P. A. Life-time portfolio selection by dynamic stochastic programming ［J］. Review of Economics and Statistics, 1969, 51: 239 −246.

［191］ Schap K. USDX versatility covers multiple-currency hedges ［J］. Futures, 1991, 20: 32 −35.

［192］ Schneeweis T. , Karavas, V. N. , Georgiev, G. Alternative investments in the institutional portfolio ［R］. Alternative Investment Management Association, 2002.

［193］ Schneeweis T. , Gupta B. , Mustafokulov E. The USDX as an investment and trading vehicle: An Update ［R］. CISDM Working Paper Series, University of Massachusetts, 2006.

［194］ Schyns M, Crama Y, Hübner G. Optimal selection of a portfolio of options under Value-at − Risk constraints: A scenario approach ［J］. Annals of Operations Research, 2010, 181 （1）: 683 −708.

［195］ Seshadri S. , Khanna A. , Harche F. , et al. A method for strategic asset-liability management with an application to the Federal Home Loan

Bank of New York [J]. Operations Research, 1999, 47 (3): 345 – 360.

[196] Shalit H. , Yitzhaki S. An asset allocation puzzle: Comment [J]. The American Economic Review, 2003, 93 (3): 1002 – 1008.

[197] Sharpe W. F. A simplified model for portfolio analysis [J]. Management Science, 1963, 9 (2): 277 – 293.

[198] Sharpe W. F. Capital asset prices: A theory of market equilibrium under conditions of risk [J]. Journal of Finance, 1964, 19 (3): 425 – 442.

[199] Sørensen C. Dynamic asset allocation and fixed income management [J]. Journal of Financial and Quantitative Analysis, 1999, 34 (4): 513 – 532.

[200] Sortino F. A. , Van der Meer R. Downside risk – Capturing what's at stake in investment situations [J]. Journal of Portfolio Management, 1991, 17 (4): 27 – 31.

[201] Soto G. M. Duration models and IRR management: A question of dimensions? [J] Journal of Banking & Finance, 2004, 28 (5): 1089 – 1110.

[202] Steil B. Currency options and the optimal hedging of contingent foreign exchange exposure [J]. Economica, 1993, 60 (240): 413 – 431.

[203] Svensson L. E. O. Estimating forward interest rates with the extended Nelson – Siegel method. Sveriges Riksbank Quarterly Review, 1995, 3: 13 – 26.

[204] Tobin J. Liquidity preference as behavior toward risk [J]. Review of Economic Studies, 1958, 25 (2): 65 – 86.

[205] TopaloglouN. , VladimirouH. , Zenios S. A. CVaR models with selective hedging for international asset allocation [J]. Journal of Banking & Finance, 2002, 26 (7): 1535 – 1561.

[206] Topaloglou N. , Vladimirou H. , Zenios S. A. A dynamic stochastic programming model for international portfolio management [J]. European Journal of Operational Research, 2008, 185 (3): 1501 – 1524.

[207] Topaloglou N. , Vladimirou H. , Zenios S. A. Pricing options on scenario trees [J]. Journal of Banking & Finance, 2008, 32 (2): 283 – 298.

[208] Topaloglou N. , Vladimirou H. , Zenios S. A. Optimizing international portfolios with options and forwards [J]. Journal of Banking & Finance, 2011, 35 (12): 3188 – 3201.

［209］ Vasicek O. An equilibrium characterization of the term structure ［J］. Journal of Financial Economics, 1977, 5 (2): 177 – 188.

［210］ Vernon R. International investment and international trade in the product cycle ［J］. Quarterly Journal of Economics, 1966, 5: 190 – 207.

［211］ Willner R. A new tool for portfolio managers: Level, slope and curvature durations ［J］. Journal of Fixed Income, 1996, 6 (1): 48 – 59.

［212］ Yu J., Xu B., Yang H, Shi Y. The strategic asset allocation optimization model of sovereign wealth funds based on maximum CRRA utility &minimum VAR. Procedia Computer Science, 2010, 1: 2433 – 2440.

［213］ Zenios S. A., Holmer M. R., McKendall R., Vassiadou – Zeniou C. Dynamic models for fixed-income portfolio management under uncertainty ［J］. Journal of Economic Dynamics and Control, 1998, 22 (10): 1517 – 1541.

［214］ Zheng H., Thomas L. C., Allen D. E. The duration derby: A comparison of duration based strategies in asset liability management ［J］. Journal of Bond Trading and Management, 2003, 1 (4): 371 – 380.

后　记

　　本书是我博士论文的一部分成果。最初只是个想法，然毅然选择勇往直前。从模型建立、数据搜集、开始写作到定稿，总共花费了两年半左右的时间。恩师韩立岩先生在结构思路的构想上给予我极大帮助，从选题到框架设计、从资料的搜集到模型的建立，直至论文的最后定稿，无不倾注着先生的大量心血，而先生的每次点拨也总能让我拨云见日、柳暗花明。正是在恩师的无私帮助和乐观鼓舞下，我的博士论文才得以顺利进展并完成。然至今日整理出文集出版，又过去良久。面对数百个日夜辛劳后的成果，感慨良多。

　　古有十年寒窗而扬天下，今已二十载苦读，将是如何？在宇宙变迁不过长河一瞬，但对于我的人生旅程却是浓墨重彩。虽无大功大喜可标，一路走来，时至今日，除心存感激之余，夫复何求？回头天真的最初，抚思昔日之韶华，实在包含了太多人的关心和鼓励。我更愿将求学时光里所有给予我帮助的师长、同窗和亲友们铭记并永存感念。

　　首先谨以最诚挚的敬意衷心感谢我的导师韩立岩先生。七年前得以进入恩师门下，我深感幸运。先生实事求是的治学精神、严谨踏实的工作作风、兢兢业业的进取精神以及谦虚真诚的做人原则深深地感染和影响着我，也一直有力地激励和鼓舞着我，是包括我在内的很多学生终生的楷模。在先生这里，我逐渐认识到，在复杂纷乱的现实世界中，什么才是真正的追求；在汗牛充栋的理论中，什么才是真正的智慧。在学术上，先生令我高山仰止。先生独特的思路、开阔的视野、渊博的专业知识、敏锐的观察和准确的分析判断能力给予我很多启发，受益匪浅。在这三年的学习过程中，每当我有一些想法与先生讨论时，先生总能耐心地提出中肯的意见和切实的建议；每当我有一些问题向先生请教时，先生总能及时给予精准的答复并使我深受启迪。先生的教诲，春风化雨，终生难忘。在今后的工作和生活中，我自当勤勉不息，以求不负恩师的殷切关怀。在博士求学期间，我还得到了北航经济管理学院许多老师的教诲与帮助。其中，刘善

136

存教授和赵尚梅教授等都对我的博士论文提出了有建设性的建议。老师们认真的工作态度以及在学术上的造诣都使我受益良多。

师恩难忘，与好友、同学间的情谊亦难忘。感谢 A1124 这样一个集体，这里有着良好的学术讨论氛围以及和睦愉快的人际关系。在我读博的几年中，历届在这里学习、工作过的硕士生、博士生都给了我最大的支持与包容。在学术上，同他们的交流讨论对我论文的写作、学业的进步乃至个人思维能力的提高都起到了难以估量的作用。在学术之外，我们走过了共同学习、工作的岁月；经历了共同面对挑战、共同成长的年代，其中很多人都成为了能够真心交流的朋友。沐浴在这样的氛围之中，犹如入芝兰之室，终生受益，每当想起点滴，暖意沁浸全身。已经从 A1124 毕业，还有继续要在 A1124 奋斗的学友们，我为能够和他们分享这段美好的时光而感到荣幸。感谢 BY10081 班和 2010 级高等工程学院博士班的同学在低落时给我的勉励，懈怠时给我的鼓舞，迷茫时给我的警醒。我常常感慨：在人生的旅途中，有他们相伴，这是多么美好的画面。

我要把特别的感谢留给我的父母。是他们的言传身教、关怀备至，使我有了一颗善良勇敢的心，也使我能够稳步向前、不断进步。在外求学漂泊已多载，家人的深情犹如浩瀚江水般绵延不绝，亲情永远是我最温柔的港湾和最重要的支撑。然而，不能时常陪在他们身边，是我莫大的遗憾。我能够回报给他们的，实在少之又少，这使我惭愧至极。若要问我最大的心愿，那当然是希望他们能够健康平安、永远幸福。

在结稿之际，笔者还要衷心感谢国家自然科学基金青年项目（71401193）和国家自然科学基金面上项目（71671193）对我的科研工作的大力资助以及中央财经大学对本书出版的倾力支持！

谨以此书献给我的老师和朋友！我将带着各位老师和亲朋好友的鼓励和支持继续执着前行！

尹力博

2016 年 10 月